学ぶ人は、
変えて
ゆく人だ。

目の前にある問題はもちろん、

人生の問いや、社会の課題を自ら見つけ、

挑み続けるために、人は学ぶ。

「学び」で、少しずつ世界は変えてゆける。

いつでも、どこでも、誰でも、

学ぶことができる世の中へ。

旺文社

文部科学省後援

英検® **4**級
でる順パス単

5訂版

英検®は、公益財団法人 日本英語検定協会の登録商標です。

旺文社

発音記号表

発音記号は「´」が付いている部分を、カナ発音は太字をいちばん強く発音します。カナ発音はあくまでも目安です。

✖ 母音

発音記号	カナ発音	例	発音記号	カナ発音	例
[iː]	イー	eat [iːt イート]	[ʌ]	ア	just [dʒʌst チャスト]
[i]	イ ※1	sit [sit スィット]	[ə]	ア ※2	about [əbáut アバウト]
[e]	エ	ten [ten テン]	[ər]	アァ	computer [kəmpjúːtər コンピュータァ]
[æ]	ア	bank [bæŋk バンク]			
[ɑ]	ア	stop [stɑ(ː)p スタ(ー)ップ]	[əːr]	ア～	nurse [nəːrs ナ～ス]
[ɑː]	アー	father [fáːðər ふァーザァ]	[ei]	エイ	day [dei デイ]
[ɑːr]	アー	card [kɑːrd カード]	[ou]	オウ	go [gou ゴウ]
[ɔ]	オ	song [sɔ(ː)ŋ ソ(ー)ンヶ]	[ai]	アイ	time [taim タイム]
[ɔː]	オー	all [ɔːl オーる]	[au]	アウ	out [aut アウト]
[ɔːr]	オー	before [bifɔːr ビふォー]	[ɔi]	オイ	boy [bɔi ボイ]
[u]	ウ	good [gud グッド]	[iər]	イア	ear [iər イア]
[uː]	ウー	zoo [zuː ズー]	[eər]	エア	hair [heər ヘア]
			[uər]	ウア	your [juər ユア]

※1 … [i]を強く発音しない場合は[エ]と表記することがあります。

※2 … [ə]は前後の音によって[イ][ウ][エ][オ]と表記することがあります。

✖ 子音

発音記号	カナ発音	例	発音記号	カナ発音	例
[p]	プ	put [put プット]	[ð]	ず	those [ðouz ぞウズ]
[b]	ブ	bed [bed ベッド]	[s]	ス	salad [sæləd サらッド]
[t]	ト	tall [tɔːl トーる]	[z]	ズ	zoo [zuː ズー]
[d]	ド	door [dɔːr ドー]	[ʃ]	シ	short [ʃɔːrt ショート]
[k]	ク	come [kʌm カム]	[ʒ]	ジ	usually [júːʒu(ə)li ユージュ(ア)りィ]
[g]	グ	good [gud グッド]			
[m]	ム	movie [múːvi ムーヴィ]	[r]	ル	ruler [rúːlər ルーらァ]
	ン	camp [kæmp キャンプ]	[h]	フ	help [help へるプ]
[n]	ヌ	next [nekst ネクスト]	[tʃ]	チ	chair [tʃeər チェア]
	ン	rain [rein レイン]	[dʒ]	ヂ	jump [dʒʌmp ヂャンプ]
[ŋ]	ンヶ	sing [siŋ スィンヶ]	[j]	イ	year [jiər イア]
[l]	る	like [laik らイク]		ユ	you [juː ユー]
[f]	ふ	food [fuːd ふード]	[w]	ウ	walk [wɔːk ウォーク]
[v]	ヴ	very [véri ヴェリィ]		ワ	work [wəːrk ワ～ク]
[θ]	す	think [θiŋk すィンク]	[ts]	ツ	its [its イッツ]
			[dz]	ヅ	needs [niːdz ニーヅ]

はじめに

　本書は1998年に誕生した『英検 Pass 単熟語』の5訂版です。「出題される可能性の高い単語を，効率よく覚えられる」ように編集されており，英検合格を目指す皆さんに長くご愛用いただいています。

3つの特長

❶ 「学校で習う単語」から始まるので学びやすい！

過去5年間の英検の問題※を分析した英検にでる単語のうち，中学1，2年生の教科書で多く取り扱われた単語と，英検に特徴的な単語の2ステップで学習できます。

❷ 学習をサポートする無料音声つき！

スマートフォンで音声を聞くことができる公式アプリと，パソコンからの音声ダウンロードに対応しています。

❸ 学習効果がわかるテストつき！

単語編と熟語編には，見出し語を覚えたか確認できるミニテストがついています。

　本書での単語学習が皆さんの英検合格につながることを心より願っています。

　最後に，本書の刊行にあたり多大なご協力をいただきました，本多美佐保先生，九州大学大学院言語文化研究院 准教授内田諭先生に深く感謝の意を表します。

※2015年度第2回～2020年度第1回の英検過去問題

もくじ

単語編

🔀 学校で習う単語 ● 349

🔀 英検にでる単語 ● 251

執筆・編集協力：株式会社カルチャー・プロ

編集協力：本多美佐保，株式会社 河源社，Jason Chau，株式会社 鷗来堂

データ分析・語彙選定協力：内田諭　　　　データ分析協力・組版：幸和印刷株式会社

装丁デザイン：浅海新菜（及川真咲デザイン事務所）

本文デザイン：伊藤幸恵　　イラスト：三木謙次

録音：ユニバ合同会社　　ナレーション：Bill Sullivan，芦澤 亜希子

本書の構成

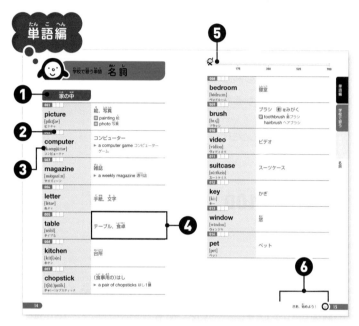

❶ カテゴリー
名詞は「時間」「学校」など，覚えやすいように単語をまとめています。

❷ チェック欄
チェックして学習に役立てましょう。

❸ 発音記号
見出し語の読み方を表す記号です。（詳細はp.2参照）

❹ 見出し語の訳
英検合格に必要なものを取り上げています。

❺ 進捗ゲージ
どこまで覚えたか一目で分かります。

❻ でちゃうくん
本書のキャラクター「でちゃうくん」が，単語学習を応援してくれます。

がんばれ！

❼ よく出題される熟語を、例文をつけて掲載しています。

❽ よく使われる会話表現とその日本語訳をまとめました。

✖ 表記について

動 動詞	名 名詞	形 形容詞
副 副詞	前 前置詞	接 接続詞
代 代名詞	間 間投詞	

同 同意語	類 類義語	反 反意語
単 単数形		
短 短縮形	否短 否定の短縮形	
参 参考表現	★ 補足情報	

▶ 見出し語に関連した表現

( ) …… 省略可能／補足説明
[ ] …… 直前の語句と言い換え可能

～ …… ～の部分に語句が入る
A, B …… A, Bに異なる語句が入る
one's …… 人を表す語句が入る
do …… 動詞の原形が入る
doing …… 動詞の-ing形が入る
to do …… 不定詞が入る

音声について

以下の音声をスマートフォン等でお聞きいただけます。

🎧 音声の内容

単語編	見出し語（英語）→ 見出し語の訳
熟語編	見出し語（英語）→ 見出し語の訳 → 例文（英語）→ 例文の訳
会話表現編	見出し（英語）→ 見出しの訳

🎧 音声の聞き方

2種類の方法で音声をお聞きいただけます。

❄ パソコンで音声データ（MP3）をダウンロード

【 ご利用方法 】

❶ 以下のURLから，Web特典にアクセス

　URL：**https://eiken.obunsha.co.jp/4q/**

❷ 本書を選び，以下のパスワードを入力してダウンロード

　kdndhs ※全て半角アルファベット小文字

❸ ファイルを展開して，オーディオプレーヤーで再生

　音声ファイルはzip形式にまとめられた形でダウンロードされます。展開後，デジタルオーディオプレーヤーなどで再生してください。

※音声の再生にはMP3を再生できる機器などが必要です。
※ご使用機器，音声再生ソフト等に関する技術的なご質問は，ハードメーカーもしくはソフトメーカーにお願いいたします。
※本サービスは予告なく終了することがあります。

✖ 公式アプリ「英語の友」(iOS/Android)で再生

【ご利用方法】

❶「英語の友」公式サイトより，アプリをインストール

URL：**https://eigonotomo.com/**

英語の友

左記のQRコードから読み込めます。

❷ アプリ内のライブラリより本書を選び，
「追加」ボタンをタップ

❸ 再生モードを選んで再生

書籍音源モード	音声データダウンロードと同じ内容の音声を再生できます。
単語モード	単語編，熟語編について「見出し語（英語）」の音声再生ができ，再生間隔や回数を自由に編集することができます。英語だけを再生したい，複数回連続で再生したい，発音練習するためのポーズ（間隔）を空けたい，等にご利用いただけます。

そのほか，以下の機能をご利用いただけます。

- シャッフル再生
- リピート再生
- 再生速度変換(0.5～2.0倍速)
- バックグラウンド再生
- 絞り込み再生(チェックした単語のみ再生)

※本アプリの機能の一部は有料ですが，本書の音声は無料でお聞きいただけます。
※詳しいご利用方法は「英語の友」公式サイト，あるいはアプリ内のヘルプをご参照ください。
※本サービスは予告なく終了することがあります。

オススメ単語学習法

4級によくでる単語を効率的に覚えるには，以下の3ステップで学習するのがおすすめです。

STEP 1 ● 暗記 ● 単語を覚えたらチェック

音声を聞いたり，声に出して発音したり，ノートに書いたりして覚えましょう。単語を覚えたら，チェックボックスに印を付けましょう。

覚えた単語にチェックを付ける

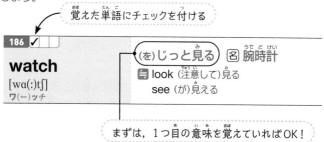

186 ✓

watch
[wɑ(:)tʃ]
ワ(ー)ッチ

（を）じっと見る　图 腕時計
look（注意して）見る
see（が）見える

まずは，1つ目の意味を覚えていればOK！

STEP 2 ● 確認 ● 赤セルシートを使って再確認

赤セルシートを使って単語をもう一度確認したら，2つ目のチェックボックスに印を付けましょう。

赤セルシートを使って再確認したら，
2つ目のチェックを付ける

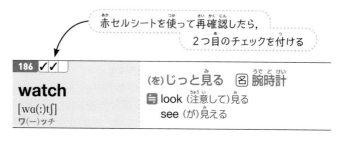

186 ✓✓

watch
[wɑ(:)tʃ]
ワ(ー)ッチ

（を）じっと見る　图 腕時計
look（注意して）見る
see（が）見える

最終確認 ● 覚えているか最終チェック

最後にもう一度，単語を覚えられたか確認して3つ目の
チェックボックスに印を付けましょう。

最終確認をしたら，3つ目のチェックを付ける

186 ✓✓✓	(を)じっと見る 図 腕時計
watch	look (注意して)見る
[wɑ(:)tʃ]	see (が)見える
ワ(ー)ッチ	

3ステップで
バッチリ！

✖ 中学校で習う単語からはじめよう

この本では，英検の出題データを分析し，よくでる単語を掲載して
います。そのうち，中学1～2年生の教科書で多く扱われた単語を
「学校で習う単語」にまとめ，それ以外の英検によくでる単語を「英検
にでる単語」にまとめました。まず，「学校で習う単語」から取り組み
ましょう。

✖ 赤セルシートを使ってみよう

付属の赤セルシートを載せると，赤い文字を隠すことができます。
赤セルシートで隠しても意味を言えるようになるまで覚えましょう。

✖ ミニテストで確認しよう

単語編・熟語編には，途中にミニテストがあります。意味を覚えら
れたか，テスト形式で確認しましょう。

❌ 熟語や会話表現も覚えよう

この本には，単語だけでなく，英検によくでる熟語と会話表現もまとめてあります。リスニングテストにもよく出題されるので，付属の音声を使って発音と意味をしっかり覚えておきましょう。

❌ 付属音声 (p.8〜9参照) や準拠ノートを活用しよう

記憶を定着させるには，「見て」覚えるだけでなく，音声を利用することが効果的です。公式アプリやダウンロード音声を利用し，繰り返し「聞いて」，音声を真似て「発音して」みましょう。また，ノートに「書いて」覚えるのもおすすめです。

旺文社リスニングアプリ

英語の友

旺文社刊行の英検対策書に

多数対応！

音声再生のほかに，

- 試験日カウントダウン
- 学習目標管理
- 単語テスト（1日の回数制限あり）

などの機能があります。

英検4級

でる順パス単 書き覚えノート [改訂版]

『英検4級 でる順パス単 [5訂版]』準拠の書いて覚える単語学習用ノート

●

セットで学習するとさらに効果的！

英検4級
でる順パス単
書き覚えノート
改訂版

700語

なぞって，聞いて，
記憶が定着！

旺文社は英検書売上げ
No.1
旺文社

単語編

学校で習う単語 **349**

学習日　／　／　／

学校で習う単語 **名詞**

家の中

001

picture
[píktʃər]
ピクチャ

絵, 写真
- painting 絵
- photo 写真

002

computer
[kəmpjúːtər]
コンピュータァ

コンピューター
▶ a computer game コンピューター
ゲーム

003

magazine
[mǽgəziːn]
マガズィーン

雑誌
▶ a weekly magazine 週刊誌

004

letter
[létər]
れタァ

手紙, 文字

005

table
[téibl]
テイブる

テーブル, 食卓

006

kitchen
[kítʃ(ə)n]
キチン

台所

007

chopstick
[tʃá(ː)pstik]
チャ(ー)ップスティック

(食事用の)はし
▶ a pair of chopsticks はし1膳

008	
bedroom [bédru:m] ベッドルーム	寝室

009	
brush [brʌʃ] ブラッシ	ブラシ 動 をみがく 参 toothbrush 歯ブラシ hairbrush ヘアブラシ

010	
video [vídiou] ヴィディオウ	ビデオ

011	
suitcase [sú:tkeis] スートケイス	スーツケース

012	
key [ki:] キー	かぎ

013	
window [wíndou] ウィンドウ	窓

014	
pet [pet] ペット	ペット

単語編

学校で習う

英検に出る

名詞

さあ，始めよう！ 😊 15

015

yesterday
[jéstərdi]
イェスタディ

昨日 <small>きのう</small> 副 昨日は <small>きのう</small>
▶ the day before yesterday おととい

016

tomorrow
[təmá(:)rou]
トゥマ(ー)ロウ

明日 <small>あした</small> 副 明日は <small>あした</small>

017

now
[nau]
ナウ

今 <small>いま</small> 副 今，現在は <small>いま げんざい</small>
▶ from now 今から <small>いま</small>

018

hour
[áuər]
アウア

1時間，時刻 <small>じ かん じ こく</small>
★発音注意 <small>はつ おん ちゅう い</small>

019

minute
[mínit]
ミニット

分 <small>ふん</small>

020

month
[mʌnθ]
マンす

1カ月，月 <small>げつ つき</small>
▶ last month 先月 <small>せん げつ</small>

021

year
[jiər]
イア

年，〜歳 <small>ねん さい</small>
▶ next year 来年 <small>らい ねん</small>
▶ 14 years old 14歳 <small>さい</small>

022

lunchtime
[lʌ́ntʃtaim]
らンチタイム

昼食時間，ランチタイム <small>ちゅうしょく じ かん</small>

学校

単語編
学校で習う
英検にでる
名詞

023
homework
[hóumwə:rk]
ホウムワ〜ク

宿題
▶ do *one's* homework 宿題をする

024
test
[test]
テスト

テスト, 試験
🔁 quiz 小テスト

025
class
[klæs]
クらス

クラス, 学級, 授業

026
classmate
[klǽsmeit]
クらスメイト

クラスメート, 同級生

027
lesson
[lés(ə)n]
れスン

授業, (教科書などの)課
▶ Lesson 4 第4課

028
subject
[sʌ́bdʒekt]
サブヂェクト

教科, 科目, 話題

029
math
[mæθ]
マす

数学
🔁 mathematics

030
science
[sáiəns]
サイエンス

科学, 理科

031

history
[híst(ə)ri]
ヒストリィ

歴史

032

speech
[spiːtʃ]
スピーチ

話すこと，演説，スピーチ
動 speak (を)話す，演説する

033

report
[ripɔ́ːrt]
リポート

報告(書)，レポート

034

textbook
[tékstbuk]
テクストブック

教科書
▶ an English textbook 英語の教科書

035

notebook
[nóutbuk]
ノウトブック

ノート
参 note メモ

036

page
[peidʒ]
ペイヂ

(本の)ページ

037

cafeteria
[kæfətí(ə)riə]
キャふェティ(ア)リア

カフェテリア，(学校などの)食堂

038

library
[láibreri]
らイブレリィ

図書館

039		
gym [dʒim] ヂム	体育館 <small>たいいくかん</small>	

040		
club [klʌb] クラブ	クラブ, 部 <small>ぶ</small>	

041		
college [ká(:)lidʒ] カ(ー)れッヂ	大学, 単科大学 <small>だいがく たんかだいがく</small>	

042		
university [jù:nivə́:rsəti] ユーニヴァ～スィティ	(総合)大学 <small>そうごう だいがく</small>	

043		
course [kɔ:rs] コース	進路, 科目 <small>しんろ かもく</small>	

044		
contest [ká(:)ntest] カ(ー)ンテスト	競技会, コンテスト <small>きょうぎかい</small>	

045		
group [gru:p] グループ	集団, グループ <small>しゅうだん</small>	

046		
member [mémbər] メンバァ	一員, 会員, 部員 <small>いちいん かいいん ぶいん</small>	

単語編

学校で習う

英検にチャレンジ

名詞

君は何の科目が好き？
<small>きみ なん かもく す</small>

047

park
[pɑːrk]
パーク

こう えん　うん どう じょう
公園，運動場

048

restaurant
[réstərənt]
レストラント

レストラン

049

store
[stɔːr]
ストー

みせ
店

⬛ shop

050

bookstore
[búkstɔːr]
ブックストー

しょ てん
書店

051

museum
[mju(ː)zí(ː)əm]
ミュ(ー)ズィ(ー)アム

はく ぶつ かん　び じゅつかん
博物館，美術館

★アクセント注意
ちゅう い

052

station
[stéiʃ(ə)n]
ステイション

えき
駅

🔵 a police station 警察署
けい さつ しょ
a gas station ガソリンスタンド

053

train
[trein]
トゥレイン

れっ しゃ　でん しゃ
列車，電車

054

airport
[éərpɔːrt]
エアポート

くう こう　ひ こうじょう
空港，飛行場

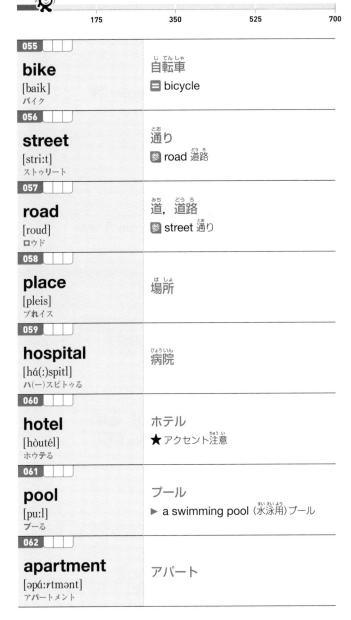

055

bike
[baik]
バイク

自転車
🔲 bicycle

056

street
[stri:t]
ストゥリート

通り
参 road 道路

057

road
[roud]
ロウド

道, 道路
参 street 通り

058

place
[pleis]
プれイス

場所

059

hospital
[há(:)spitl]
ハ(ー)スピトゥる

病院

060

hotel
[hòutél]
ホウテる

ホテル
★アクセント注意

061

pool
[pu:l]
プーる

プール
▶ a swimming pool (水泳用)プール

062

apartment
[əpáːrtmənt]
アパートメント

アパート

063	
garden [gá:rd(ə)n] ガードゥン	庭, 庭園 ⟺ yard 庭 ▶ a flower garden 花園

064	
zoo [zu:] ズー	動物園

065	
town [taun] タウン	町 参 village 村 city 市, 都市

066	
building [bíldiŋ] ビるディング	建物, ビル

067	
company [kámp(ə)ni] カンパニィ	会社

068	
office [á(:)fəs] ア(ー)ふィス	事務所, 会社, 役所 ▶ a post office 郵便局

069	
bank [bæŋk] バンク	銀行

070	
ship [ʃip] シップ	(大型の)船 ⟺ boat (小型の)船 ▶ by ship 船で

| 175 | 350 | 525 | 700 |

単語編

学校で習う

名詞

趣味・休日 (しゅみ・きゅうじつ)

071

party
[pá:rti]
パーティ

パーティー
▶ a birthday party 誕生日パーティー

072

game
[geim]
ゲイム

遊び，ゲーム，試合

073

shopping
[ʃá(:)piŋ]
シャ(ー)ピング

買い物
▶ online shopping オンラインショッピング

074

present
[préz(ə)nt]
プレズント

贈り物，プレゼント **動** を贈る
▶ a Christmas present クリスマスプレゼント

075

weekend
[wí:kend]
ウィーケンド

週末

076

holiday
[há(:)lədei]
ハ(ー)リデイ

祝日，休暇
■ vacation 休み，休暇
▶ on holiday 休暇で

077

movie
[mú:vi]
ムーヴィ

映画
■ film

078

program
[próugræm]
プロウグラム

番組，計画
▶ an interesting program おもしろい番組

休日は何してる？ 23

079			

trip
[trip]
トゥリップ

（短期間の）旅行
≒ travel 旅行
▶ go on a trip 旅行に行く

080			

camera
[kǽm(ə)rə]
キャメラ

カメラ
📱 a digital camera デジタルカメラ

081			

picnic
[píknik]
ピクニック

ピクニック，遠足

082			

fishing
[fíʃiŋ]
ふィッシング

魚釣り

083			

camp
[kæmp]
キャンプ

キャンプ，キャンプ場
動 キャンプする
▶ go camping キャンプに行く

084			

hobby
[hɑ́(:)bi]
ハ(ー)ビィ

趣味

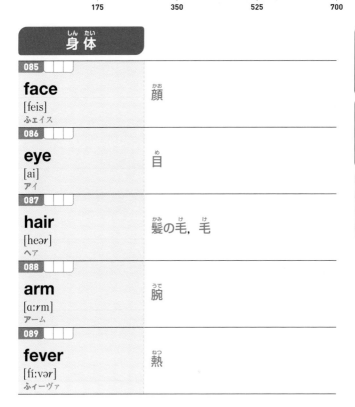

単語編

学校で習う

名詞

身体 (しんたい)

085	
face [feis] ふェイス	顔 (かお)
086	
eye [ai] アイ	目 (め)
087	
hair [heər] ヘア	髪の毛 (かみのけ), 毛 (け)
088	
arm [ɑːrm] アーム	腕 (うで)
089	
fever [fíːvər] ふィーヴァ	熱 (ねつ)

趣味 (しゅみ) の話 (はなし) を英語 (えいご) でできるといいね！

090

job
[dʒɑ(ː)b]
ヂャ(ー)ッブ

仕事，職

091

doctor
[dá(ː)ktər]
ダ(ー)クタァ

医者

092

dentist
[déntist]
デンティスト

歯科医

093

scientist
[sáiəntəst]
サイエンティスト

科学者

094

pilot
[páilət]
パイロット

パイロット

095

actor
[ǽktər]
アクタァ

俳優

096

volunteer
[và(ː)ləntíər]
ヴァ(ー)らンティア

ボランティア，進んでやる人
★アクセント注意

家族

097

grandmother
[grǽn(d)mʌ̀ðər]
グラン(ド)マザァ

祖母，おばあさん

⬛ grandma おばあちゃん

098

grandfather
[grǽn(d)fɑ̀ːðər]
グラン(ド)ふァーザァ

祖父，おじいさん

⬛ grandpa おじいちゃん

099

parent
[pé(ə)r(ə)nt]
ペ(ア)レント

親，(parents で)両親

100

husband
[hʌ́zbənd]
ハズバンド

夫

参 wife 妻

101

son
[sʌn]
サン

息子
★発音注意
参 daughter 娘

102

aunt
[ænt]
アント

おば

参 uncle おじ

103

food
[fu:d]
ふード

食べ物

104

pizza
[pí:tsə]
ピーツァ

ピザ

105

cheese
[tʃi:z]
チーズ

チーズ
▶ a slice of cheese 1切れのチーズ

106

soup
[su:p]
スープ

スープ

107

salad
[sǽləd]
サらッド

サラダ

108

vegetable
[védʒtəbl]
ヴェヂタブる

野菜
★ふつうvegetablesと複数形で使う

109

toast
[toust]
トウスト

トースト

110

hamburger
[hǽmbə:rgər]
ハンバ～ガァ

ハンバーガー

単語編

学校で習う

名詞

111

pancake
[pǽnkeik]
パンケイク

パンケーキ

112

chocolate
[tʃɔ́:klət]
チョークれット

チョコレート
★アクセント注意

113

coffee
[kɔ́(:)fi]
コ(ー)ふぃ

コーヒー

114

juice
[dʒu:s]
ヂュース

ジュース

115

popcorn
[pá(:)pkɔːrn]
パ(ー)ップコーン

ポップコーン

116

menu
[ménju:]
メニュー

メニュー

117

dish
[diʃ]
ディッシ

皿, 料理
参 dishwasher 食器洗い機

118

weather

[wéðər]

ウェ**ざ**ァ

天気, 天候
てん き てん こう

参 climate 気候
き こう

119

rain

[rein]

レイン

雨 動 雨が降る
あめ あめ ふ

120

water

[wɔ́ːtər]

ウォータァ

水
みず

▶ hot water 湯
ゆ

121

river

[rívər]

リヴァ

川, 河
かわ かわ

122

beach

[biːtʃ]

ビーチ

浜, 海辺
はま うみ べ

123

mountain

[máunt(ə)n]

マウントゥン

山, (mountainsで)山脈
やま さん みゃく

124

star

[stɑːr]

スター

星
ほし

125

flower

[fláuər]

ふらウァ

花
はな

126

rose
[rouz]
ロウズ

バラ

127

animal
[ǽnim(ə)l]
アニマる

動物

● weather と climate の違い

weather「天気，天候」と climate「気候」にはどういった違いがあるのでしょうか。weather は，「あすの大阪の天気は…」といったような比較的狭い範囲での短い期間の天気を指すことばです。一方で climate は，「日本海側は冬に雪が多い」といったような，比較的広い範囲での長い期間の天気を指します。

128

practice
[prǽktis]
プラクティス

練習 動 (を)練習する

129

guitar
[gitá:r]
ギター

ギター
★アクセント注意

130

violin
[vàiəlín]
ヴァイオリン

バイオリン
★アクセント注意

131

sound
[saund]
サウンド

音 動 (〜のように)聞こえる

132

concert
[ká(:)nsərt]
カ(ー)ンサト

音楽会, コンサート

133

musical
[mjú:zik(ə)l]
ミューズィカる

ミュージカル 形 音楽の

衣服・色など

134

shirt
[ʃə́:rt]
シャ～ト

ワイシャツ，シャツ

135

dress
[dres]
ドゥレス

ドレス，服装
🔁 clothes 衣服

136

color
[kʌ́lər]
カらァ

色 動 に色をつける

137

purple
[pə́:rpl]
パ～プる

紫色 形 紫色の

リラックスも必要だよ。　33

138

Japan
[dʒəpǽn]
ヂャパン

日本
參 Japanese 日本語，日本人，日本語の，
日本(人)の

139

Spain
[spein]
スペイン

スペイン
參 Spanish スペイン語，スペイン人，スペ
イン語の，スペイン(人)の

140

England
[íŋglənd]
イングランド

イングランド
參 English 英語，英語の

141

Africa
[ǽfrikə]
アふリカ

アフリカ
參 African アフリカ人，アフリカ(人)の
★アクセント注意

142

India
[índiə]
インディア

インド
參 Indian インド人，インド(人)の

スポーツ

143

soccer
[sá(:)kər]
サ(ー)カァ

サッカー
▶ soccer ball サッカーボール

144

basketball
[bǽskətbɔːl]
バスケットボーる

バスケットボール,
バスケットボールのボール

145

volleyball
[vá(:)libɔːl]
ヴァ(ー)りボーる

バレーボール,
バレーボールのボール

146

badminton
[bǽdmint(ə)n]
バドミントゥン

バドミントン
★アクセント注意

147

racket
[rǽkət]
ラケット

(テニスなどの)ラケット

148

jogging
[dʒá(:)giŋ]
ヂャ(ー)ギング

ジョギング

149

goal
[goul]
ゴゥる

(サッカーなどの)ゴール,
(ゴールに入れた)得点, 目標

150

kind
[kaind]
カインド

種類 しゅるい

▶ a kind of ～ 一種の～ いっしゅ

151

e-mail
[íːmeil]
イーメイる

電子メール, Eメール でんし

= E-mail, email

152

information
[ìnfərméiʃ(ə)n]
インふォメイション

情報 じょうほう

153

thing
[θiŋ]
すィング

物, こと もの

154

story
[stɔ́ːri]
ストーリィ

物語, 話 ものがたり はなし

155

word
[wəːrd]
ワ～ド

語, 単語, 言葉 ご たんご ことば

▶ English words 英単語 えいたんご

156

future
[fjúːtʃər]
ふューチャ

(ふつうthe futureで)未来, 将来 みらい しょうらい

参 the past 過去 かこ　the present 現在 げんざい

157

cell phone
[sél foun]
せる ふォウン

携帯電話 けいたいでんわ

158

event
[ivént]
イヴェント

行事, できごと

159

culture
[kʌ́ltʃər]
カるチャ

文化

160

center
[séntər]
センタァ

中心, 中央

161

meeting
[míːtiŋ]
ミーティング

会, 会議

162

ticket
[tíkət]
ティケット

切符, チケット

163

sale
[seil]
セイる

販売, 特売, バーゲンセール
▶ on sale 特売で

164

money
[mʌ́ni]
マニィ

お金

165

line
[lain]
らイン

線, 行列, (電車などの)路線

166	
end [end] エンド	終^おわり

167	
front [frʌnt] ふラント	正面^{しょうめん}, 前面^{ぜんめん} 🔄 back 後^{うし}ろ ▶ in front of ～ ～の前^{まえ}に ★ 発音注意^{はつおんちゅうい}

168	
way [wei] ウェイ	道^{みち}, 方向^{ほうこう}, 方法^{ほうほう}

169	
race [reis] レイス	レース, 競走^{きょうそう} 動 競走^{きょうそう}する

170	
plan [plæn] プらン	計画^{けいかく} 動 (を)計画^{けいかく}する

171	
fun [fʌn] ふァン	楽^{たの}しみ

172	
example [igzǽmpl] イグザンプる	例^{れい} ▶ for example たとえば

173	
postcard [póus(t)kɑːrd] ポウス(ト)カード	はがき

174			
poster [póustər] ポウスタァ		ポスター	

175			
robot [róuba(:)t] ロウバ(ー)ット		ロボット	

単語編

学校で習う

英語にしよう

名詞

●英語で住所はどのように書く？

アメリカやイギリスなど英語を話す国に手紙や宅配便を送ったことがありますか。日本では，手紙や宅配便のあて先は，広い地域から順に「都道府県→市区町村→町名→番地・号」と書きますが，英語圏ではこの順序が逆になり，「番地→町名→都市名→州など」と書く必要がありますので注意が必要です。日本の順序で書いて送ると，届かずに戻ってきてしまったり，届くのが遅れたりすることもあります。

次のページでミニテストにチャレンジ！

ミニテストにチャレンジ！

1 私は自分自身のコンピューターを持っていません。

I don't have my own (　　　　).

2 その店は3カ月前に開店しました。

The store opened three (　　　　) ago.

3 私のクラスには35人の生徒がいます。

There are 35 students in my (　　　　).

4 私はこの病院のボランティアです。

I am a (　　　　) at this hospital.

5 この近くでよいレストランを知っていますか。

Do you know a good (　　　　) near here?

6 彼らは今度の土曜日にパーティーを開きます。

They will have a (　　　　) this Saturday.

こたえ **1** computer (→002) **2** months (→020) **3** class (→025)
4 volunteer (→096) **5** restaurant (→048) **6** party (→071)

動詞

176

go
[gou]
ゴゥ

行く, 進む
⇔ come 来る
▶ go to ～ ～へ行く

177

like
[laik]
らイク

が好きである, を好む

178

buy
[bai]
バイ

を買う
⇔ sell を売る

179

get
[get]
ゲット

を手に入れる

180

visit
[vízət]
ヴィズィット

(を)訪問する, (を)訪れる
名 訪問, 見学

181

come
[kʌm]
カム

来る, (相手のほうへ)行く
⇔ go 行く

182

see
[si:]
スィー

(が)見える, に会う
⊟ look (注意して)見る
　 watch (を)じっと見る

---

183 □□□ **take** [teik] テイク	を取る，（乗り物）に乗る， を持っていく，を連れていく ▶ take a taxi タクシーに乗る
184 □□□ **make** [meik] メイク	を作る
185 □□□ **look** [luk] ルック	（注意して）見る ⊜ see （が）見える 　 watch （を）じっと見る
186 □□□ **watch** [wɑ(:)tʃ] ワ(ー)ッチ	（を）じっと見る　图 腕時計 ⊜ look （注意して）見る 　 see （が）見える
187 □□□ **meet** [mi:t] ミート	（に）会う 图 meeting 会，会議
188 □□□ **talk** [tɔːk] トーク	（を）話す ▶ talk to ~ ~に話す ▶ talk with ~ ~と話す
189 □□□ **say** [sei] セイ	（と）言う，話す
190 □□□ **tell** [tel] テる	（を）話す，言う ▶ tell A B AにBを話す

175　　　　350　　　　525　　　　700

単語編

学校で習う

英語にする

動詞

191

speak
[spiːk]
スピーク

(を)話す，演説する

192

listen
[lís(ə)n]
リスン

(注意して)聞く

🔁 hear が聞こえる
▶ listen to 〜 〜を聞く

193

hear
[hiər]
ヒア

が聞こえる

🔁 listen (注意して)聞く

194

ask
[æsk]
アスク

(を)たずねる，質問する，(を)頼む
▶ ask a question 質問する

195

answer
[ǽnsər]
アンサァ

(に)答える，(電話・訪問)(に)応じる
名 答え
▶ answer a question 質問に答える

196

stay
[stei]
ステイ

とどまる，泊まる，滞在する
名 滞在

197

live
[liv]
リヴ

住む，暮らす

198

wake
[weik]
ウェイク

目が覚める，を起こす

🔁 get up 起床する

199	
work [wə:rk] ワ〜ク	働く, 勉強する 图 仕事, 勉強, 作品

200	
eat [i:t] イート	(を)食べる 🔁 have を食べる, を飲む

201	
drink [driŋk] ドゥリンク	(を)飲む　图 飲み物

202	
give [giv] ギヴ	を与える, をあげる ▶ give A B [give B to A]　AにBを与える

203	
bring [briŋ] ブリング	を持ってくる, を連れてくる 🔁 take を持っていく, を連れていく

204	
love [lʌv] らヴ	を愛する, が大好きである　图 愛

205	
find [faind] ふァインド	を見つける 🔁 lose をなくす

206	
need [ni:d] ニード	を必要とする ▶ need to do　〜する必要がある

207

feel
[fíːl]
ふィール

(を)感じる，(と)思う
▶ feel happy 幸せだと思う

208

enjoy
[indʒɔ́i]
インヂョイ

を楽しむ
▶ enjoy *doing* ～するのを楽しむ

209

finish
[fíniʃ]
ふィニッシ

を終える，終わる
🔁 begin を始める　start を始める
▶ finish *doing* ～し終える

210

lose
[lúːz]
るーズ

をなくす，(に)負ける
🔁 find を見つける
　win (に)勝つ
★発音注意

211

write
[ráit]
ライト

(を)書く，(に)手紙を書く
图 writer 筆者，作家
▶ write to ～ ～に手紙を書く

212

forget
[fərgét]
ふォゲット

(を)忘れる
🔁 remember (を)覚えている，(を)思い
　出す

213

swim
[swím]
スウィム

泳ぐ
图 泳ぐこと，水泳

214

read
[ríːd]
リード

(を)読む

いい調子だね！ 45

215

paint
[peint]
ペイント

(絵の具で)をかく，にペンキをぬる
图 painting 絵，絵をかくこと

216

cut
[kʌt]
カット

を切る

217

run
[rʌn]
ラン

走る
🔁 jog ジョギングをする
▶ run away from ~ ～から逃げる

218

call
[kɔːl]
コーる

(を)呼ぶ，(に)電話する
图 電話をかけること

219

drive
[draiv]
ドゥライヴ

(自動車など)を運転する
图 ドライブ

220

ride
[raid]
ライド

(に)乗る　图 乗ること
🔁 drive 車を運転する

221

join
[dʒɔin]
ヂョイン

(に)加わる，参加する

222

invite
[inváit]
インヴァイト

を招待する
▶ invite A to B　AをBに招待する

223	
know [nou] ノウ	(を)知っている ★発音注意

224	
show [ʃou] ショウ	を見せる 名 展示会，ショー ▶ show a map 地図を見せる

225	
wash [wɑ(:)ʃ] ワ(ー)ッシ	(を)洗う

226	
teach [ti:tʃ] ティーチ	(を)教える ▶ teach *A B* [teach *B* to *A*]　AにBを教える

227	
think [θiŋk] すィンク	(と)思う，考える

228	
hope [houp] ホウプ	を望む，(～だと)いいと思う

229	
worry [wə́:ri] ワ～リィ	心配する，を心配させる

230	
try [trai] トゥライ	をためす，(～しようと)努力する 名 試み ▶ try to *do* ～しようと努力する

適度に水分をとろう。 47

231

hurry

[hə́:ri]
ハ～リィ

急ぐ，を急がせる　图 急ぎ
▶ Hurry up. 急いで。

232

arrive

[əráiv]
アライヴ

着く，到着する
🗣 reach に着く
▶ arrive at ~ ~に着く

233

wear

[weər]
ウェア

を着ている，を身につけている
图 衣服
🗣 put on ~ （動作として）~を身につける

234

change

[tʃeindʒ]
チェインヂ

を変える，変わる
图 変化，おつり

235

become

[bikʌ́m]
ビカム

になる

236

catch

[kætʃ]
キャッチ

をつかまえる

237

put

[put]
プット

を置く

238

order

[ɔ́:rdər]
オーダァ

を注文する　图 注文

239

sell
[sel]
セる

を売る
⇔ buy を買う

240

stop
[stɑ(:)p]
スタ(ー)ップ

をやめる，止まる
名 中止，停留所

241

sing
[siŋ]
スィング

(を)歌う

242

break
[breik]
ブレイク

をこわす，を折る，こわれる
名 休憩

243

fall
[fɔːl]
ふォーる

落ちる，転ぶ　名 落ちること，秋

244

turn
[təːrn]
ターン

をまわす，まわる
名 回転，順番

ミニテストにチャレンジ！

1 彼はサッカー部に入るつもりです。

He will （　　　　） the soccer team.

2 彼女は夕食後に本を読みます。

She （　　　　） a book after dinner.

3 彼らはその難しい質問に答えました。

They （　　　　） the difficult question.

4 彼は午前中に宿題を終えました。

He （　　　　） his homework in the morning.

5 私はいつもサンドイッチとコーヒーを注文します。

I always （　　　　） a sandwich and coffee.

6 私たちはその有名な博物館を訪れるつもりです。

We will （　　　　） the famous museum.

こたえ ❶ join（→221） ❷ reads（→214） ❸ answered（→195）
❹ finished（→209） ❺ order（→238） ❻ visit（→180）

50

形容詞

245	
last [læst] らスト	最後の，この前の 副 最後に，この前 ⇔ next 今度の
246	
first [fə:rst] ふァ〜スト	第1の，最初の 副 第1に，最初に
247	
good [gud] グッド	よい，おいしい，親切な，楽しい，じょうずな
248	
bad [bæd] バッド	悪い
249	
late [leit] れイト	(時間・時期が)遅い，遅れた 副 遅く，遅れて
250	
early [ə́:rli] ア〜りィ	早い，初期の　副 早く
251	
fast [fæst] ふァスト	速い　副 速く

単語編

学校で習う

英語になる

形容詞

252	
slow [slou] スろウ	遅い, のろい　副 ゆっくりと
253	
favorite [féiv(ə)rət] ふエイヴ(ァ)リット	大好きな, お気に入りの 名 お気に入り
254	
happy [hǽpi] ハピィ	幸福な, 楽しい, うれしい 名 happiness 幸福 対 unhappy 不幸な
255	
lucky [lʌ́ki] らキィ	運のよい, 幸運な
256	
free [fri:] ふリー	自由な, ひまな, 無料の 対 busy 忙しい
257	
next [nekst] ネクスト	次の, 今度の　副 次に 対 last この前の ▶ next to ～ ～のとなりに
258	
all [ɔːl] オーる	すべての　代 すべてのもの ▶ all of ～ ～のうちのすべて
259	
half [hæf] ハふ	半分の　名 半分, 2分の1 ▶ half of ～ ～の半分

260

fine
[fáin]
ふァイン

すばらしい，晴れた，健康で

261

sick
[sík]
スィック

病気の，病気で
↔ well 健康で

262

hungry
[háŋgri]
ハングリィ

空腹の，おなかがすいた
↔ full 満腹で，おなかがいっぱいで

263

sorry
[sá(:)ri]
サ(ー)リィ

すまないと思って，気の毒で

264

near
[níər]
ニア

(距離・時間が)近い　副 近くに
↔ far 遠い

265

ready
[rédi]
レディ

用意ができて
▶ be ready to *do* ～する用意ができている

266

open
[óup(ə)n]
オウプン

開いた　動 を開ける，開く

267

famous
[féiməs]
ふェイマス

有名な
▶ be famous for ～ ～で有名だ

自分のペースで進めよう。

268 ▢▢▢ **popular** [pá(:)pjulər] パ(ー)ピュらァ	人気のある，流行の ▶ be popular among [with] ～ ～の間 で人気がある
269 ▢▢▢ **small** [smɔːl] スモーる	小さい 📵 little（小さくて）かわいらしい 📵 big 大きい　large 大きい
270 ▢▢▢ **short** [ʃɔːrt] ショート	短い，背の低い 📵 long 長い　tall 背の高い
271 ▢▢▢ **beautiful** [bjúːtəf(ə)l] ビューティふる	美しい，すばらしい
272 ▢▢▢ **cute** [kjuːt] キュート	かわいい 📵 pretty きれいな，かわいらしい
273 ▢▢▢ **sunny** [sʌ́ni] サニィ	太陽の照っている
274 ▢▢▢ **cloudy** [kláudi] クらウディ	くもった
275 ▢▢▢ **snowy** [snóui] スノウィ	雪の降る，雪の積もった

276

warm
[wɔːrm]
ウォーム

暖かい
≒ hot 熱い, 暑い
⇔ cool 涼しい

277

quiet
[kwáiət]
クワイエット

静かな
⇔ noisy うるさい

278

dark
[dɑːrk]
ダーク

暗い, (色が)濃い, 黒っぽい
⇔ light 明るい

279

interesting
[ínt(ə)rəstiŋ]
インタレスティング

おもしろい, 興味深い
参 funny おかしな, おもしろい

280

special
[spéʃ(ə)l]
スペシャる

特別の

281

useful
[júːsf(ə)l]
ユースふる

役に立つ
⇔ useless 役に立たない

282

careful
[kéərfəl]
ケアふる

注意深い
⇔ careless 不注意な

283

difficult
[dífik(ə)lt]
ディふィクるト

難しい
⇔ easy やさしい

284

hard
[haːrd]
ハード

難しい，かたい，熱心な
副 一生けんめいに，激しく

285

expensive
[ikspénsiv]
イクスペンスィヴ

高価な

286

delicious
[dilíʃəs]
ディリシャス

非常においしい
≒ good おいしい

287

own
[oun]
オウン

自分自身の
▶ my own room 私自身の部屋

288

other
[ʌðər]
アざァ

他の，別の 代 他の物，他の人
▶ the other day 先日

289

different
[díf(ə)r(ə)nt]
ディふ(ァ)レント

ちがった，異なる，いろいろな
名 difference 違い
▶ different from ～ ～と異なった

290

dear
[diər]
ディア

いとしい，親愛なる，
(手紙の書き出しで)～様

副詞

291	
so [sou] ソウ	とても，そのように 接 それで，だから
292	
really [ríː(ə)li] リー(ァ)りィ	本当に，(日常会話で)まさか ▶ Oh, really? まあ，本当に？
293	
often [ɔ́(ː)f(ə)n] オ(ー)ふン	たびたび，よく
294	
back [bæk] バック	後ろへ，後ろに，もとの所へ 形 後ろの 名 背中，後ろ
295	
soon [suːn] スーン	まもなく，すぐに
296	
together [təɡéðər] トゥゲざァ	いっしょに，ともに
297	
usually [júːʒu(ə)li] ユージュ(ァ)りィ	いつもは，ふつう

298

tonight
[tənáit]
トゥナイト

今夜(は) 图 今夜

299

once
[wʌns]
ワンス

1度，1回，かつて
参 twice 2度　three times 3度

300

again
[əgén]
アゲン

ふたたび，また

301

just
[dʒʌst]
ヂャスト

ちょうど，ほんの
▶ just at noon ちょうど正午に

302

only
[óunli]
オウンリィ

ただ〜だけ
形 ただ1つの，ただ1人の

303

there
[ðeər]
ゼア

そこに，そこで，そこへ，(There is
〜 / There are 〜で)〜がある，〜がいる
▶ over there あそこに

304

still
[stil]
スティる

今でも，まだ

305

when
[(h)wen]
(フ)ウェン

いつ　接 〜するときに

単語編

学校で習う

副詞

306 also
[ɔ́ːlsou]
オーるソウ
〜もまた
🟦 too

307 maybe
[méibi(ː)]
メイビ(ー)
たぶん，ひょっとすると

308 later
[léitər]
れイタァ
もっと遅く，後で

309 easily
[íːzili]
イーズィリィ
簡単に，楽々と

310 away
[əwéi]
アウェイ
離れて，あちらへ，留守で
形 遠征先での

311 off
[ɔ(ː)f]
オ(ー)ふ
離れて，去って，脱いで
前 〜から離れて
🔁 on 身につけて

312 out
[aut]
アウト
外へ，外に，不在で
🔁 in 中へ
▶ Don't go out. 外へ出ないように。

ミニテストにチャレンジ！

1 その部屋には何枚かの美しい絵があります。

There are some（　　　　）pictures in the room.

2 私はまたインドを訪れたいです。

I want to visit India（　　　　）.

3 彼らはいろいろな国々の出身です。

They are from（　　　　）countries.

4 彼はたぶんあなたを手助けすることができるでしょう。

（　　　　）he can help you.

5 これらは私のお気に入りの本です。

These are my（　　　　）books.

6 彼女はまだ自分の古い自転車を使っています。

She（　　　　）uses her old bicycle.

前置詞

313 **at** [æt] アット	①(場所・位置を示して)〜で，〜に ▶ at home 家で　at school 学校で ②(時間を示して)〜に ▶ at six o'clock 6時に

314 **in** [in] イン	①(場所・位置を示して)〜の中に[で，の] ▶ in the box 箱の中に ②(時間を示して)〜に ▶ in the afternoon 午後に

315 **for** [fɔːr] ふォー	①〜のために ▶ buy a present for her 彼女のためにプレゼントを買う ②(期間を表して)〜の間 ▶ for ten years 10年間

316 **on** [ɑ(ː)n] ア(ー)ン	①〜の上に ▶ on the desk 机の上に ②(日時を表して)〜に ▶ on Saturday 土曜日に ③(状態)〜中で ▶ on sale 売り出し中で

317 **of** [ʌv] アヴ	①(所有・所属を表して)〜の ▶ a member of the class クラスの一員 ②(部分を示して)〜の中の[で] ▶ one of us 私たちのうちの1人

318

about
[əbáut]
アバウト

~について(の) 副 およそ，約
▶ about you あなたについて

319

with
[wiθ]
ウィず

①~といっしょに
▶ see a movie with a friend 友だちと一緒に映画を見る
②(道具・手段・材料を示して)~で，~を使って
▶ take pictures with his camera 彼のカメラで写真をとる

320

after
[ǽftər]
アふタァ

~の後に 接 ~した後で
🔄 before ~の前に
▶ after dinner 夕食の後に

321

by
[bai]
バイ

~のそばに，~によって，~までに(は)
▶ by bus バスで
▶ by tomorrow 明日までに

322

under
[ʌ́ndər]
アンダァ

~の下に[を]，~未満の
🔄 over ~の上に
▶ under the bridge 橋の下に

323

over
[óuvər]
オウヴァ

~の上に，~を越えて 副 上方に
🔄 under ~の下に

324

around
[əráund]
アラウンド

〜のまわりを[に]，〜中を
副 まわりを[に]
▶ around the tree 木のまわりに
▶ travel around the world 世界中を旅する

325

beside
[bisáid]
ビサイド

〜のそばに

326

between
[bitwíːn]
ビトゥウィーン

〜の間に，〜の間で，〜の間の
▶ between A and B AとBの間に[で]

327

into
[íntuː]
イントゥー

〜の中へ[に]
⇔ out of 〜の中から外へ
▶ go into a room 部屋に入る

328

until
[əntíl]
アンティる

〜まで（ずっと）
接 〜するときまで
= till
▶ until tomorrow 明日まで

接続詞

329

and
[ænd]
アンド

と，そして
▶ *A*, *B*(,) and *C*　AとBとC

330

but
[bʌt]
バット

しかし
▶ not *A* but *B*　AではなくてB

331

because
[bikɔ́(:)z]
ビコ(ー)ズ

(なぜなら)〜だから，〜なので

332

if
[if]
イふ

もし〜ならば

333

or
[ɔːr]
オー

か〜，かあるいは〜
▶ *A* or *B*　AかB

単語編
学校で習う
英検にでる
その他

助動詞 (じょどうし)

334
will
[wil]
ウィる

(未来への意志を表して)〜するつもりだ，
(未来を表して)〜だろう
否短 won't
▶ Will you 〜? 〜してくれませんか。

335
may
[mei]
メイ

(許可を表して)〜してもよい，
(推測を表して)〜かもしれない

336
should
[ʃud]
シュッド

〜すべきである，〜したほうがよい
否短 shouldn't

337
could
[kud]
クッド

(canの過去形)〜することができた，
(Could you 〜? で)〜していただけま
せんか
否短 couldn't

338
would
[wud]
ウッド

(Would you 〜? で)〜してくださいま
せんか
短 I would → I'd　you would → you'd
否短 wouldn't

339
must
[mʌst]
マスト

〜しなければならない，
(否定形で)〜してはいけない
否短 mustn't

340

one
[wʌn]
ワン

(前に出た数えられる名詞の代わりとして)もの, 1つ
形 1つの, ある 名 1

▶ She has a camera, and I want to buy one. 彼女はカメラを持っていて, 私も1つ買いたい。

341

another
[ənʌ́ðər]
アナザァ

もう1つ, 別のもの, 別の人
形 もう1つの, もう1人の, 別の

▶ I have a car, but I want another. 私は車を持っていますが, もう1台ほしいです。

342

something
[sʌ́mθiŋ]
サムすィング

(肯定文で)何か, あるもの

343

anything
[éniθiŋ]
エニすィング

(疑問文, ifの文で)何か, (否定文で)何も, (肯定文で)何でも

344

everyone
[évriwʌn]
エヴリワン

だれでも, みんな
= everybody

単語編

学校で習う

その他

比較表現

345	
better [bétər] ベタァ	形 (goodの比較級)よりよい，(wellの比較級)よくなって 副 (wellの比較級)よりじょうずに，より以上に

346	
best [best] ベスト	形 (good, wellの最上級)最もよい 副 (wellの最上級)最もよく，最もじょうずに，いちばん〜

347	
much [mʌtʃ] マッチ	形 たくさんの　副 たいへん，(比較級または最上級を強めて)ずっと ▶ much younger ずっと若い

348	
more [mɔːr] モー	形 (many, muchの比較級)もっと多い 副 (muchの比較級)もっと，(more＋形容詞，副詞で)もっと〜 ▶ more difficult もっと難しい

349	
than [ðæn] ざン	接 (比較級の後において)〜よりも ▶ taller than him 彼よりも背が高い

ミニテストにチャレンジ！

1 窓を閉めてもよいですか。

(　　　　) I close the window?

2 私のクラスのみんながその先生を好きです。

(　　　　) in my class likes the teacher.

3 土曜日の行事について話しましょう。

Let's talk (　　　　) the event on Saturday.

4 私は彼女の家に行きましたが，彼女は家にいませんでした。

I went to her house, (　　　　) she was not at home.

5 彼はハンバーガーが好きなのでよく食べます。

He often eats a hamburger (　　　　) he likes it.

6 あなたはネコと犬のどちらがより好きですか。

Which do you like (　　　　), cats or dogs?

こたえ ❶ May (→335) ❷ Everyone (→344) ❸ about (→318) ❹ but (→330) ❺ because (→331) ❻ better (→345)

単語編

英検にでる単語 251

学習日 ／ ／ ／

家の中

350

shower
[ʃáuər]
シャウア

シャワー
▶ take a shower シャワーを浴びる

351

bath
[bæθ]
バす

風呂
参 bathroom 浴室
bathtub 浴そう
▶ take a bath 風呂に入る

352

bathroom
[bǽθru:m]
バすルーム

浴室, トイレ

353

towel
[táu(ə)l]
タウ(エ)る

タオル
★発音注意

354

phone
[foun]
ふォウン

電話 [動] (に)電話をかける
■ telephone

355

radio
[réidiou]
レイディオウ

ラジオ
★発音注意

356

newspaper
[nú:zpèipər]
ヌーズペイパァ

新聞

357

photo

[fóutou]

ふォウトゥ

写真

🟰 picture 絵，写真

358

comic

[ká(:)mik]

カ(ー)ミック

漫画本，コミック

359

sofa

[sóufə]

ソウふァ

ソファー

360

door

[dɔːr]

ドー

戸，ドア

361

glass

[glæs]

グらス

ガラス，コップ

▶ a glass of ～ コップ1杯の～

362

knife

[naif]

ナイふ

ナイフ

★発音注意

363

wallet

[wá(:)lət]

ワ(ー)れット

さいふ，札入れ

🔵 purse 小銭入れ

364

calendar

[kǽləndər]

キャれンダァ

カレンダー

★アクセント注意

365

ruler
[rúːlər]
ルーらァ

定規

366

toy
[tɔi]
トイ

おもちゃ

367

doghouse
[dɔ́(ː)ghaus]
ド(ー)グハウス

犬小屋

●**携帯電話の登場で意味が増えたことば**

皆さんの中には自分の携帯電話を持っている人もいるかもしれません。電話に関することばを覚えましょう。「携帯電話」は cell phone ですが, mobile phone とも言います。「留守番電話」は voice mail です。また, text ということばは一般的には「文章」という意味の名詞ですが, 電子メール [E メール] がよく使われるようになってからは, 「(メールなどを) 書く, 送る」という動詞としても使うようになってきました。

時間

368

date
[deit]
デイト

日付, デート

369

noon
[nu:n]
ヌーン

正午, 昼の12時
▶ before noon 正午前に

370

dictionary
[díkʃəneri]
ディクショネリィ

辞書，辞典
じしょ じてん

▶ an English-Japanese dictionary 英和辞典
えいわじてん

371

paper
[péipər]
ペイパァ

紙，答案用紙
かみ とうあんようし

▶ a piece of paper 1枚の紙
まいかみ

372

question
[kwéstʃ(ə)n]
クウェスチョン

質問，問題
しつもん もんだい

🔁 answer 答え
こた

373

floor
[flɔːr]
ふろー

床，（建物の）〜階
ゆか たてもの かい

▶ the first floor 1階
かい

374

classroom
[klǽsruːm]
クらスルーム

教室
きょうしつ

375

blackboard
[blǽkbɔːrd]
ブらックボード

黒板
こくばん

376

eraser
[iréisər]
イレイサァ

消しゴム，黒板消し
け こくばんけ

377

map
[mæp]
マップ

地図
ちず

▶ a world map 世界地図
せかいちず

単語編

英検にでる

名詞

378

uniform
[júːnifɔːrm]
ユーニふォーム

制服, ユニフォーム

379

grade
[greid]
グレイド

成績の点数, 学年
▶ get a good grade よい成績をとる

380

drama
[dráːmə]
ドゥラーマ

ドラマ, 演劇
🔁 play 劇

381

social studies
[sóuʃ(ə)l stʌ́diz]
ソウシャる スタディズ

社会科

382

bicycle

[báisikl]
バイスィクる

自転車

🔲 bike

383

taxi

[tæksi]
タクスィ

タクシー

▶ by taxi タクシーで

384

airplane

[éərplein]
エアプれイン

飛行機

385

plane

[plein]
プれイン

飛行機

386

boat

[bout]
ボウト

ボート，（小型の）船

🔲 ship （大型の）船

387

bridge

[bridʒ]
ブリッヂ

橋

388

supermarket

[súːpərmàːrkət]
スーパマーケット

スーパーマーケット

389

café

[kæféi]
キャふェイ

喫茶店，カフェ

単語編

学校で習う

英検にでる

名詞

390

post office
[póust ɑ̀(:)fəs]
ポウスト ア(ー)ふィス

ゆう びん きょく
郵便局

391

stadium
[stéidiəm]
ステイディアム

スタジアム，競技場，野球場

392

theater
[θíətər]
すィアタァ

げきじょう
劇場
▶ a movie theater 映画館

393

hall
[hɔːl]
ホーる

ホール，ろう下
▶ city hall 市役所

394

farm
[fɑːrm]
ふァーム

のうじょう　のうえん
農場，農園
参 farmer 農場主

395

corner
[kɔ́ːrnər]
コーナァ

かど　　　　曲がり角　すみ
角，曲がり角，すみ
▶ around the corner 角を曲がった所に
▶ in the corner (of ～) (～の)すみに

396

hometown
[hòumtáun]
ホウムタウン

う　　　　こ きょう
生まれ故郷

397	
vacation [veikéiʃ(ə)n] ヴェイ**ケイ**ション	やす きゅう か 休み，休暇 🔁 holiday 祝日，休暇 ▶ on vacation 休暇で

398	
travel [trǽv(ə)l] ト**ゥラ**ヴ(ェ)る	りょ こう 動 りょ こう 旅行 (を)旅行する 🔁 trip (短期間の)旅行

399	
festival [féstiv(ə)l] ふェ**ス**ティヴァる	まつ さい 祭り，〜祭 ▶ a music festival 音楽祭

400	
homestay [hóumstei] **ホ**ウムステイ	ホームステイ ★アクセント注意

401	
tent [tent] **テ**ント	テント

402	
painting [péintiŋ] **ペ**インティング	え かい が 絵，絵画，絵をかくこと

403	
comedy [ká(:)mədi] **カ**(ー)メディ	き げき 喜劇，コメディー 参 comedian 喜劇俳優

404	
gift [gift] **ギ**ふト	おく もの 贈り物

身体 _{しん たい}

405

stomachache
[stʌ́məkeik]
スタマケイク

胃痛_{い つう}，腹痛_{ふく つう}
★発音注意_{はつ おん ちゅう い}

406

headache
[hédeik]
ヘデイク

頭痛_{ず つう}

人・職業 _{ひと} _{しょくぎょう}

407

people
[píːpl]
ピープる

人々_{ひと びと}

408

writer
[ráitər]
ライタァ

筆者_{ひっ しゃ}，作家_{さっ か}
🟰 author 著者_{ちょ しゃ}

409

artist
[áːrtist]
アーティスト

芸術家_{げいじゅつ か}，画家_{が か}

410

singer
[síŋər]
スィンガァ

歌手_{か しゅ}

411

pianist
[piǽnəst]
ピアニスト

ピアニスト

412

driver
[dráivər]
ドゥ**ラ**イヴァ

運転手，ドライバー

413

waiter
[wéitər]
ウェイタァ

ウエーター

参 waitress ウエートレス

414

farmer
[fá:rmər]
ふァーマァ

農場主，農場経営者

参 farm 農場

415

coach
[koutʃ]
コウチ

コーチ，指導者

動 をコーチ[指導]する

416

sir
[sə:r]
サ～

(男性に対して)お客さま

参 madam (女性に対して)お客さま
★ 店員などが呼びかけるときに使う

417

visitor
[vízətər]
ヴィズィタァ

訪問客，宿泊客

単語編

学校で習う

英検にでる

名詞

家族

418

wife
[waif]
ワイふ

妻
参 husband 夫

419

uncle
[ʌ́ŋkl]
アンクる

おじ
参 aunt おば

420

baby
[béibi]
ベイビィ

赤ちゃん

421

children
[tʃíldr(ə)n]
チるドゥレン

子供たち
単 child 子供
★発音注意

422

daughter
[dɔ́:tər]
ドータァ

娘
参 son 息子
★発音注意

423

cousin
[kʌ́z(ə)n]
カズン

いとこ
★発音注意

424

wedding
[wédiŋ]
ウェディング

結婚式, 結婚記念日
▶ at a wedding 結婚式で

425		
dessert [dizə́:rt] ディザ〜ト	デザート	

426		
ice cream [áis kri:m] アイス クリーム	アイスクリーム	

427		
candy [kǽndi] キャンディ	キャンディ	

428		
doughnut [dóunʌt] ドゥナット	ドーナツ	

429		
cookie [kúki] クッキィ	クッキー	

430		
pie [pai] パイ	パイ	

431		
butter [bʌ́tər] バタァ	バター	

432		
bread [bred] ブレッド	パン ▶ a slice of bread 1切れのパン	

433

sandwich
[sǽn(d)witʃ]
サン(ド)ウィッチ

サンドイッチ

434

spaghetti
[spəgéti]
スパゲティ

スパゲッティ

435

pasta
[pάːstə]
パースタ

パスタ

436

noodle
[núːdl]
ヌードゥる

めん類, ヌードル

437

rice
[rais]
ライス

米, ごはん

438

salt
[sɔːlt]
ソールト

塩

439

beef
[biːf]
ビーふ

牛肉

440

chicken
[tʃíkin]
チキン

トリ肉, ニワトリ

好きな食べ物は何？

441	
meat [miːt] ミート	(食用の)肉
442	
steak [steik] ステイク	ステーキ ★発音注意
443	
sausage [sɔ́(ː)sidʒ] ソ(ー)セッヂ	ソーセージ
444	
fruit [fruːt] ふルート	果物
445	
cherry [tʃéri] チェリィ	サクランボ
446	
strawberry [strɔ́ːbèri] ストゥローベリィ	イチゴ
447	
pineapple [páinæpl] パイナプる	パイナップル
448	
pumpkin [pʌ́m(p)kin] パン(プ)キン	カボチャ

449	
onion [ʌ́njən] アニョン	タマネギ ★発音注意
450	
snack [snǽk] スナック	スナック, 軽食, おやつ

451

snow
[snou]
スノウ

雪 動 雪が降る

► heavy snow 大雪

452

cloud
[klaud]
クらウド

雲

453

sun
[sʌn]
サン

太陽, 日光

454

sky
[skai]
スカイ

空

455

season
[síːz(ə)n]
スィーズン

季節

456

autumn
[ɔ́ːtəm]
オータム

秋

🔁 fall

457

sea
[siː]
スィー

海

🔁 land 陸

458

ocean
[óuʃ(ə)n]
オウシャン

(the ocean で)大洋, 海

459

turtle
[tə́:rtl]
タ～トゥる

海ガメ

460

lake
[leik]
れイク

湖

461

horse
[hɔːrs]
ホース

馬

462

pig
[pig]
ピッグ

ブタ
参 pork ブタ肉

463

hamster
[hǽmstər]
ハムスタァ

ハムスター

音楽（おんがく）

464		
music [mjú:zik] ミューズィック	音楽（おんがく） 参 musical ミュージカル

465		
musician [mjuzíʃ(ə)n] ミュ**ズィ**シャン	音楽家（おんがくか），ミュージシャン

466		
pop music [pá(:)p mjù:zik] パ(ー)ップ ミューズィック	ポピュラー音楽（おんがく），ポップス

467		
band [bænd] バンド	楽団（がくだん），バンド

468		
drum [drʌm] ドゥラム	ドラム

469		
flute [flu:t] ふるート	フルート

470		
trumpet [trʌ́mpət] トゥ**ラ**ンペット	トランペット

衣服・色など

471

clothes
[klouz]
クろウズ

衣服
≒ dress ドレス，服装
★発音注意

472

coat
[kout]
コウト

コート，上着

473

sweater
[swétər]
スウェタァ

セーター
★発音注意

474

glove
[glʌv]
グらヴ

(ふつうglovesで)手袋，グローブ
★発音注意

475

tie
[tai]
タイ

ネクタイ

476

glasses
[gléesiz]
グらスィズ

メガネ
★必ずglassesと複数形で使う

477

sock
[sɑ(:)k]
サ(ー)ック

(ふつうsocksで)くつ下，ソックス
▶ a pair of socks ソックス1足

478

umbrella
[ʌmbrélə]
アンブレら

かさ

好きな色は何色？　89

479	
gray [grei] グレイ	灰色, グレー　形 灰色[グレー]の
480	
gold [gould] ゴウルド	金　形 金(製)の

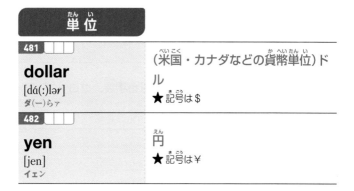

単位

481	
dollar [dá(:)lər] ダ(ー)らァ	(米国・カナダなどの貨幣単位)ドル ★記号は $
482	
yen [jen] イェン	円 ★記号は ¥

国・地域

483

world
[wə:rld]
ワ～るど

世界，世の中
▶ all over the world 世界中で[に]

484

country
[kántri]
カントゥリィ

国，(theをつけて)いなか
▶ live in the country いなかに住む

485

America
[əmérikə]
アメリカ

アメリカ(合衆国)
参 American アメリカ人，アメリカ(人)の

486

Canada
[kǽnədə]
キャナダ

カナダ
参 Canadian カナダ人，カナダ(人)の

487

Australia
[ɔ(:)stréiliə]
オ(ー)ストゥレイリア

オーストラリア
参 Australian オーストラリア人，オース
トラリア(人)の

488

France
[fræns]
ふランス

フランス
参 French フランス語，フランス人，フラ
ンス語の，フランス(人)の

489

Italy
[ít(ə)li]
イタリィ

イタリア
参 Italian イタリア語，イタリア人，イタリ
ア語の，イタリア(人)の

490

China
[tʃáinə]
チャイナ

中国
参 Chinese 中国語，中国人，中国語の，
中国(人)の

491

Korea
[kərí(ː)ə]
コリ(ー)ア

韓国[朝鮮]
参 Korean 韓国[朝鮮]語, 韓国[朝鮮]人, 韓国[朝鮮]語の, 韓国[朝鮮](人)の
★アクセント注意

492

Mexico
[méksikou]
メクスィコウ

メキシコ
参 Mexican メキシコ人, メキシコ(人)の

493

London
[lʌ́ndən]
ランドン

ロンドン
★発音注意

494

Hawaii
[həwáːiː]
ハワーイー

(アメリカの)ハワイ州, ハワイ島
参 Hawaiian ハワイの

| 175 | 350 | 525 | 700 |

スポーツ

495 golf
[gɔ́ːlf]
ゴーるふ
ゴルフ

496 football
[fútbɔːl]
ふットボーる
フットボール

497 bowling
[bóuliŋ]
ボウリング
ボウリング

498 match
[mætʃ]
マッチ
試合，競争相手

499 ice-skating
[áis skeitiŋ]
アイス スケイティング
アイススケート

500 surfing
[sɔ́ːrfiŋ]
サ～ふィング
サーフィン，波乗り
▶ go surfing サーフィンに行く

501 wrestling
[résliŋ]
レスリング
レスリング

単語編 / 学校で習う / 英検にでる / 名詞

スポーツ観戦，何が好きかな？

502
idea
[aidí(:)ə]
アイディ(ー)ア

考え, アイデア
★アクセント注意

503
news
[nu:z]
ヌーズ

ニュース, 報道

504
problem
[prá(:)bləm]
プラ(ー)ブレム

問題
▶ No problem. 問題ありません[大丈夫です]。

505
Internet
[íntərnet]
インタァネット

(the Internetで)インターネット
★アクセント注意

506
website
[wébsait]
ウェブサイト

ウェブサイト

507
mail
[meil]
メイる

郵便(物)
動 を郵便で送る

508
message
[mésidʒ]
メセッヂ

伝言, メッセージ

509
language
[læŋgwidʒ]
らングウェッヂ

言語, 言葉
★発音注意

単語編

英検にでる

名詞

510

card
[kɑ:rd]
カード

カード，はがき，トランプの札
▶ a Christmas card クリスマスカード
▶ play cards トランプをする

511

stamp
[stæmp]
スタンプ

切手，印　動 に判を押す

512

passport
[pǽspɔ:rt]
パスポート

パスポート

513

Christmas
[krísməs]
クリスマス

クリスマス
★発音注意

514

dream
[dri:m]
ドゥリーム

夢　動 夢を見る
▶ have a dream 夢がある

515

life
[laif]
らいふ

生活，生命，一生，人生

516

list
[list]
リスト

リスト，名簿

517

prize
[praiz]
プライズ

賞，賞品，賞金

518

haircut
[héərkʌt]
ヘアカット

髪のカット, 散髪

519

size
[saiz]
サイズ

大きさ, 寸法

520

part
[pɑːrt]
パート

部分, 役割

521

seat
[siːt]
スィート

座席

522

machine
[məʃíːn]
マシーン

機械

▶ a washing machine 洗濯機
★発音注意

ミニテストにチャレンジ！

単語編

英検にでる

名詞

1 世界中の多くの人々はその歌手が大好きです。

Many (　　　　) around the world love the singer.

2 あなたは夏休みにどこを訪れましたか。

Where did you visit on your summer (　　　　)?

3 私たちの旅行について考えがあります。

I have an (　　　　) for our trip.

4 彼女は父親から新しい辞書をもらいました。

She got a new (　　　　) from her father.

5 この町にスーパーマーケットはありますか。

Is there a (　　　　) in this town?

6 これらは私の家族の写真です。

These are the (　　　　) of my family.

こたえ ① people (→**407**) ② vacation (→**397**) ③ idea (→**502**)
④ dictionary (→**370**) ⑤ supermarket (→**388**) ⑥ photos (→**357**)

しっかりチェック！ **97**

動詞

523

cook
[kuk]
クック

(を)料理する
图 料理をする人，コック

524

leave
[li:v]
リーヴ

(を)出発する，(を)去る，
を置き忘れる
▶ leave home 家を出発する

525

clean
[kli:n]
クリーン

(を)きれいにする，そうじする
形 きれいな，清潔な

526

sleep
[sli:p]
スリープ

眠る 图 睡眠
🟰 go to bed 寝る

527

begin
[bigín]
ビギン

を始める，始まる

528

send
[send]
センド

を送る
▶ send A to B AをBに送る

529

learn
[lə:rn]
ら～ン

(を)学ぶ，(を)習う

530

dance
[dǽns]
ダンス

踊る　图 ダンス
参 dancer ダンサー

531

move
[muːv]
ムーヴ

を動かす，動く，引っ越す

532

sit
[sit]
スィット

すわる，すわっている
反 stand 立つ，立っている
▶ sit down すわる，腰を下ろす

533

win
[win]
ウィン

(に)勝つ，を勝ち取る
反 lose (に)負ける

534

carry
[kǽri]
キャリィ

を運ぶ，を持ち歩く

535

draw
[drɔː]
ドゥロー

(線を)引く，(絵・図を)かく
比 paint (絵の具で)をかく，にペンキをぬる

536

surprise
[sərpráiz]
サプライズ

を驚かせる，をびっくりさせる
图 びっくりさせること
▶ be surprised at ～ ～に驚く

537

happen
[hǽp(ə)n]
ハプン

(偶然)起こる
▶ happen to do 偶然～する

538	
smile [smail] スマイる	ほほえむ　图 ほほえみ

539	
relax [rilǽks] リらックス	をくつろがせる，くつろぐ

540	
check [tʃek] チェック	をチェックする，を点検^{てんけん}する 图 チェック，点検^{てんけん}

541	
remember [rimémbər] リメンバァ	(を)思^{おも}い出^だす，(を)覚^{おぼ}えている ⇔ forget (を)忘^{わす}れる

542	
understand [ʌ̀ndərstǽnd] アンダスタンド	(を)理解^{りかい}する

543	
enter [éntər] エンタァ	に入^{はい}る

544	
share [ʃeər] シェア	を共有^{きょうゆう}する，を分^わけ合^あう 图 分^わけ前^{まえ} ▶ share A with B　AをBと分^わけ合^あう

545	
miss [mis] ミス	をのがす，がいなくてさびしく思^{おも}う ▶ miss a bus　バスに乗^のり遅^{おく}れる ▶ I miss you.　あなたがいなくてさびしい。

1
彼は午前中に部屋をそうじするつもりです。

He will (　　　　) his room in the morning.

2
私の父は毎週末に料理を習っています。

My father (　　　　) cooking every weekend.

3
彼女はふつう8時間眠ります。

She usually (　　　　) for eight hours.

4
これらの箱を台所に動かしてね。

(　　　　) these boxes to the kitchen.

5
そのお祭りのことを覚えていますか。

Do you (　　　　) the festival?

6
この車はたくさんのものを運ぶことができます。

This car can (　　　　) a lot of things.

こたえ **1** clean (→525) **2** learns (→529) **3** sleeps (→526)
4 Move (→531) **5** remember (→541) **6** carry (→534)

形容詞

546

rainy
[réini]
レイニィ

雨の，雨降りの

547

windy
[wíndi]
ウィンディ

風の吹く，風の強い

548

cool
[ku:l]
クーる

涼しい，冷たい，かっこいい
⇔ warm 暖かい

549

easy
[íːzi]
イーズィ

やさしい，簡単な，気楽な
⇔ difficult 難しい，困難な

550

heavy
[hévi]
ヘヴィ

重い，大量の

551

light
[lait]
らイト

軽い，明るい
名 光，明るさ，明かり
⇔ dark 暗い

552

large
[lɑːrdʒ]
らーヂ

大きい，多数の，多量の
≒ big 大きい
⇔ small 小さい

単語編

英検にでる

形容詞

553

medium
[míːdiəm]
ミーディアム

中<ruby>中<rt>ちゅう</rt></ruby>くらいの
参 small 小<ruby>小<rt>ちい</rt></ruby>さい　large 大<ruby>大<rt>おお</rt></ruby>きい
▶ medium size Mサイズ
★発<ruby>発音注意<rt>はつおんちゅうい</rt></ruby>

554

little
[lítl]
りトゥる

小<ruby>小<rt>ちい</rt></ruby>さい，（小<ruby>小<rt>ちい</rt></ruby>さくて）かわいらしい
⇔ big 大<ruby>大<rt>おお</rt></ruby>きい　large 大<ruby>大<rt>おお</rt></ruby>きい

555

busy
[bízi]
ビズィ

忙<ruby>忙<rt>いそが</rt></ruby>しい，にぎやかな
⇔ free ひまな
★発<ruby>発音注意<rt>はつおんちゅうい</rt></ruby>

556

tired
[taiərd]
タイアド

疲<ruby>疲<rt>つか</rt></ruby>れた，あきた
▶ be tired from ～ ～で疲<ruby>疲<rt>つか</rt></ruby>れる

557

sleepy
[slíːpi]
スリーピィ

眠<ruby>眠<rt>ねむ</rt></ruby>い，眠<ruby>眠<rt>ねむ</rt></ruby>そうな

558

healthy
[hélθi]
へるすィ

健康<ruby>健康<rt>けんこう</rt></ruby>な

559

strong
[strɔ(ː)ŋ]
ストゥロ(ー)ング

強<ruby>強<rt>つよ</rt></ruby>い
⇔ weak 弱<ruby>弱<rt>よわ</rt></ruby>い

560

angry
[æŋgri]
アングリィ

怒<ruby>怒<rt>おこ</rt></ruby>った，腹<ruby>腹<rt>はら</rt></ruby>を立<ruby>立<rt>た</rt></ruby>てた

561	
sad [sæd] サッド	悲^{かな}しい ⇔ glad うれしい　happy うれしい

562	
excited [iksáitid] イク**サ**イティッド	(人^{ひと}が)興奮^{こうふん}した, わくわくした

563	
exciting [iksáitiŋ] イク**サ**イティング	(人^{ひと}を)興奮^{こうふん}させる, わくわくさせる

564	
boring [bɔ́:riŋ] ボーリング	たいくつな, うんざりさせる

565	
funny [fʌ́ni] ふアニィ	おかしな, おもしろい

566	
sweet [swi:t] ス**ウ**ィート	甘^{あま}い　图 甘^{あま}い菓子^{かし} ⇔ bitter にがい

567	
close [klous] ク**ろ**ウス	ごく近^{ちか}い, 親密^{しんみつ}な ⇆ near 近^{ちか}い ★ 発音注意^{はつおんちゅうい}

568	
far [fɑ:r] ふアー	遠^{とお}い　副 遠^{とお}くに ⇔ near 近^{ちか}い ▶ far from ～ ～から遠^{とお}い

569

wonderful
[wʌ́ndərf(ə)l]
ワンダふる

すばらしい，すてきな

570

same
[seim]
セイム

同じ
▶ the same *A* as *B* Bと同じA

571

both
[bouθ]
ボウす

両方の 代 両方
▶ both of ～ ～の両方とも

572

each
[iːtʃ]
イーチ

それぞれの，各自の 代 それぞれ，各自 副 1個につき，1人につき
▶ each other おたがい

573

full
[ful]
ふる

いっぱいの，満腹の
⇔ hungry 空腹の
▶ be full of ～ ～でいっぱいである

574

thirsty
[θə́ːrsti]
さ〜スティ

のどがかわいた

575

pretty
[príti]
プリティ

きれいな，かわいらしい
⇔ beautiful 美しい

576

dirty
[də́ːrti]
ダ〜ティ

汚い，汚れた
⇔ clean きれいな，清潔な

577	
low [lou] ロウ	低い 副 低く ⇔ high 高い

578	
junior [dʒúːnjər] ヂューニャ	年下の 名 年下の人 ⇔ senior 年上の

579	
right [rait] ライト	正しい，正確な，右の 副 正しく，ちょうど 名 右 ⇔ left 左(の) ★発音注意

580	
wrong [rɔ(ː)ŋ] ロ(ー)ング	悪い，間違った，調子が悪い

581	
quick [kwik] クウィック	(速度・動きが)速い，すばやい ⇔ slow 遅い

582	
professional [prəféʃ(ə)n(ə)l] プロふエショヌる	専門職の，プロの 名 プロ，専門家

英検にでる単語　**副 詞**

副 詞

583 **well** [wel] ウェる	じょうずに，十分に　形 健康で 間 まあ，さて
584 **sometimes** [sʌ́mtaimz] サムタイムズ	ときどき，ときには
585 **twice** [twais] トゥワイス	2度，2回 参 once 1回　three times 3回
586 **always** [ɔ́ːlweiz] オーるウェイズ	いつも，常に
587 **o'clock** [əklɑ́(ː)k] オクら(ー)ック	～時
588 **someday** [sʌ́mdei] サムデイ	（未来の）いつか，そのうちに ＝ one day
589 **already** [ɔ́ːlrédi] オーるレディ	すでに，もう

だいぶ覚えたね。

単語編

学校で習う

英検にでる

副詞

107

590

slowly
[slóuli]
スろウりィ

遅く, ゆっくりと

591

ago
[əɡóu]
アゴウ

(今から)〜前に

▶ two hours ago 2時間前に

592

outside
[àutsáid]
アウトサイド

外に, 外側に
前 〜の外側に, 〜の外側で
⬌ inside 内側に

ミニテストにチャレンジ！

①
その店は海辺の近くにあります。

The shop is ( ) to the beach.

②
彼女は３年前に日本に来ました。

She came to Japan three years ( ).

③
私はときどきその歌を聞きます。

I ( ) listen to the song.

④
私たちはその祭りに向けて興奮しています。

We are ( ) for the festival.

⑤
彼のお兄さん［弟さん］はプロのテニス選手です。

His brother is a ( ) tennis player.

⑥
私の姉［妹］は今朝，眠そうに見えました。

My sister looked ( ) this morning.

こたえ ① close（→567） ② ago（→591） ③ sometimes（→584）
④ excited（→562） ⑤ professional（→582） ⑥ sleepy（→557）

前置詞

593

before

[bifɔ́:r]
ビふォー

~の前に 接 ~する前に 副 前に
⇔ after ~の後に，~した後で
▶ before breakfast 朝食の前に

594

during

[dúːriŋ]
ドゥーリング

~の間ずっと，~の間のあるときに
⇌ for（期間を表して）~の間

助動詞

595

shall

[ʃæl]
シャる

(Shall I ~? で) ~しましょうか，(Shall we ~? で)(いっしょに)~しませんか
参 Let's ~ ~しよう。

代名詞

596

mine

[main]
マイン

私のもの
★ I の所有代名詞

597

everything

[évriθiŋ]
エヴリすィング

何もかも，みんな

175	350	525	700

比較表現
ひ かくひょうげん

598

most
[moust]
モウスト

形 (many, muchの最上級)最も多い

副 (muchの最上級)最も，(most＋形容詞，副詞で)最も～

▶ most popular 最も人気のある

略語
りゃく ご

599

a.m.
[èi ém]
エイエム

午前

＝A.M.

600

p.m.
[pì: ém]
ピーエム

午後

＝P.M.

1 午後に泳ぎませんか。

（　　　　　） we swim in the afternoon?

2 日本を出発する前に私に電話してね。

Call me （　　　　　） you leave Japan.

3 これはこの図書館の中で最もおもしろい本です。

This is the （　　　　　） interesting book in this library.

4 この部屋にあるものは何でも使ってかまいません。

You can use （　　　　　） in this room.

5 私たちのピクニックの間は晴れていました。

It was sunny （　　　　　） our picnic.

6 あの赤いかばんは私のものではありません。

That red bag isn't （　　　　　）.

こたえ **1** Shall (→595) **2** before (→593) **3** most (→598) **4** everything (→597) **5** during (→594) **6** mine (→596)

100

熟語編
じゅく ご へん

学習日
がく しゅう び

／　　／　　／

動詞の働きをする熟語

601	
want to *do*	～したいと思う
What do you **want to eat** for lunch?	昼ごはんにあなたは何が食べたいですか。

602	
like *doing* [**to** *do*]	～するのが好きだ， ～したい
The girls **like making** cookies.	その女の子たちはクッキーを作るのが好きです。

603	
want to be ～	～になりたいと思う
I **wanted to be** a pilot when I was young.	私は若い頃パイロットになりたいと思っていました。

604	
need to *do*	～する必要がある
You **need to bring** lunch.	あなたは昼食を持ってくる必要があります。

114

605

go (back) home

帰宅する

I have to **go home** now.

私はもう帰宅しなければなりません。

606

get home

帰宅する
＝ go home

Call me when you **get home**.

帰宅したら私に電話しなさい。

607

come home

帰宅する

Come home by five o'clock.

5時までに帰宅しなさい。

608

do *one's* homework

宿題をする

She didn't **do her homework** yesterday.

彼女は昨日宿題をしませんでした。

609	
take _A_ to _B_	AをBに連れていく
She **took** her son **to** the hospital.	彼女は息子を病院へ連れていきました。

610	
look for ～	～を探す 参 find を見つける
I'm **looking for** my key.	私はかぎを探しています。

611	
leave (_A_) for _B_	Bに向かって(Aを)出発する [離れる, 去る]
I'll **leave** Tokyo **for** New York on Tuesday.	私は火曜日にニューヨークに向かって東京を出発します。

612	
have a good time	楽しい時を過ごす 同 enjoy を楽しむ ⇔ have a hard time つらい時を過ごす
We **had a good time** at the party last night.	私たちは昨晩パーティーで楽しい時を過ごしました。

熟語編

動詞の働きをする熟語

613

wait for ～

～を待つ

I'll **wait for** you at the bus stop.

私はバス停であなたを待つつもりです。

614

stay in [at] ～

(場所)に泊まる，
(場所)に滞在する

She **stayed in** the hotel for a week.

彼女は1週間そのホテルに泊まりました。

615

stay with ～

(人)の所に泊まる，
(人)の所に滞在する

= stay at *one's* home

I'm going to **stay with** my sister for a week.

私は1週間姉[妹]の所に泊まる予定です。

616

get up

起きる，立ち上がる

Get up! It's already eight thirty.

起きなさい！　もう8時半ですよ。

617	
wake up	目が覚める
She **woke up** at seven this morning.	彼女は今朝7時に目が覚めました。
618	
take a trip	旅行をする
Why don't we **take a trip** to the city?	その街へ旅行するのはどうですか。
619	
go on a trip	旅行に行く
I want to **go on a trip** to Australia.	私はオーストラリアへ旅行に行きたいです。
620	
speak to ～	～に話しかける，～と話す
We **spoke to** the new students at lunchtime.	私たちは昼食時間に新入生たちに話しかけました。

621

talk to ~

～に話をする

I will **talk to** my teammates later.

私は後でチームメートに話すつもりです。

622

talk with ~

～と話をする

They enjoyed **talking with** their teacher.

彼らは先生と話すのを楽しみました。

623

listen to ~

～を聞く，～に耳を傾ける

She **listened to** the radio this morning.

彼女は今朝ラジオを聞きました。

624

hear about ~

～について聞く

I **heard about** his new car.

私は彼の新しい車について聞きました。

625	
go *doing*	〜しに行く
I'll **go swimming** with my friends on Saturday.	私は土曜日に友だちと泳ぎに行きます。

626	
finish *doing*	〜し終える
She **finished reading** the book.	彼女はその本を読み終えました。

627	
enjoy *doing*	〜するのを楽しむ, 楽しんで〜する
She **enjoys having** dinner with her family.	彼女は家族と夕食を食べることを楽しみます。

628	
go back to 〜	〜へ帰る, 〜へ戻る
Let's **go back to** Japan.	日本へ帰りましょう。

熟語編

動詞の働きをする熟語

629

come back to ～

～へ帰ってくる

My uncle will **come back to** our town.

おじが私たちの町へ帰ってきます。

630

get back

戻る，帰る
🔁 be back 戻ってくる

We'll **get back** soon.

私たちはすぐに戻ります。

631

come back from ～

～から帰ってくる，
～から戻ってくる

He will **come back from** the U.S. next week.

彼は来週アメリカから帰ってきます。

632

arrive at ～

～に着く
★駅，町など比較的せまい場所のときにatを使う

The plane **arrived at** the airport.

その飛行機はその空港に着きました。

よくできたね！

633 □□□	
arrive in ~	**~に着く** ★大都会や国など比較的広い場所のときにinを使う
They will **arrive in** the country at night.	彼らは夜にその国に到着するでしょう。

634 □□□	
get to ~	**~に着く，~に到着する** 🔳 arrive at [in] ~
We just **got to** Los Angeles this afternoon.	私たちは今日の午後ロサンゼルスに着いたところです。

635 □□□	
start *doing* [to *do*]	**~し始める**
I **started studying** at a music college last month.	私は先月から音楽大学で学び始めました。

636 □□□	
stop *doing*	**~することをやめる**
My father **stopped smoking** five years ago.	私の父は5年前にたばこをやめました。

175　　　　350　　　　525　　　　700

637

take a picture

写真をとる

Let's **take a picture** together.

いっしょに写真をとりましょう。

638

walk to ～

～まで歩いて行く

He usually **walks to** school on sunny days.

彼は晴れた日にはたいてい学校まで歩いて行きます。

639

ask ～ for help

～に助けを求める

We **asked** our teacher **for help**.

私たちは先生に助けを求めました。

640

help *A* with *B*

AのBを手伝う，
AをB（のこと）で助ける

He sometimes **helps** me **with** my homework.

彼はときどき私の宿題を手伝ってくれます。

さあ，集中！

641	
ask for ~	～を求める
She **asked for** help.	彼女は助けを求めました。

642	
have a cold	風邪をひいている ≒ catch a cold 風邪をひく
He **has a cold**.	彼は風邪をひいています。

643	
take a bath	入浴する
He **took a** long **bath**.	彼はゆっくりと[長い時間]入浴しました。

644	
take a shower	シャワーを浴びる
I usually **take a shower** in the morning.	私はたいてい朝にシャワーを浴びます。

熟語編

動詞の働きをする熟語

645

take a walk

散歩をする
🔁 go for a walk 散歩に行く

Let's **take a walk** in the park.

公園を散歩しましょう。

646

go out

外出する

Let's **go out** for dinner.

夕食をとりに外出しましょう。

647

say goodbye to ～

～に別れのあいさつを言う

I don't want to **say goodbye to** my friends.

私は友だちに別れを言いたくありません。

648

stay (at) home

家にいる

I like to **stay home**.

私は家にいるのが好きです。

649	~のことを考える, ~を思い出す
think of ~	目 think about ~ ~のことを考える
What do you **think of** this picture?	あなたはどのようにこの絵のことを考えていますか。

650	~と友だちになる
become friends with ~	目 make friends with ~
He **became friends with** the boy.	彼はその少年と友だちになりました。

651	風邪をひく
catch a cold	目 have a cold 風邪をひいている
I **caught a cold** last week.	私は先週風邪をひきました。

652	~から降りる
get off ~	⇄ get on ~ ~に乗る
Where should I **get off** the bus?	どこでバスを降りればいいですか。

653

give up

あきらめる，やめる

Don't **give up**. Try again!

あきらめないで。もう一度やってみなさい！

654

have no idea

まったくわからない

I **have no idea** on this problem.

私はこの問題についてまったくわかりません。

655

go around [round] 〜

〜のまわりを回る

The moon **goes around** the earth.

月は地球のまわりを回っています。

656

look around

あたりを見回す

He stood up and **looked around**.

彼は立ち上がってあたりを見回しました。

リラックスしてね。

657	
move to _A_ (from _B_)	（Bから）Aに引っ越す
He **moved to** Tokyo **from** New York two years ago.	彼は2年前にニューヨークから東京に引っ越しました。

658	
write to ～	～に手紙を書く
I'll **write to** you from Canada.	私はカナダからあなたに手紙を書きます。

659	
write back	返事を書く
He **wrote back** to his friend in London.	彼はロンドンの友だちに返事を書きました。

660	
slow down	速度を落とす，遅くする
You are speaking too fast. Please **slow down**.	あなたは速く話しすぎています。速度を落としてください。

661

worry about ～

～のことを<ruby>心配<rt>しんぱい</rt></ruby>する

Don't **worry about** the test.

テストのことは<ruby>心配<rt>しんぱい</rt></ruby>しないで。

662

look like ～

～に<ruby>似<rt>に</rt></ruby>ている，
～のように<ruby>見<rt>み</rt></ruby>える

He really **looks like** his brother.

<ruby>彼<rt>かれ</rt></ruby>はお<ruby>兄<rt>にい</rt></ruby>さん[<ruby>弟<rt>おとうと</rt></ruby>さん]によく<ruby>似<rt>に</rt></ruby>ています。

663

believe in ～

～の<ruby>存在<rt>そんざい</rt></ruby>を<ruby>信<rt>しん</rt></ruby>じる，
～を<ruby>信用<rt>しんよう</rt></ruby>する

Do you **believe in** Santa Claus?

あなたはサンタクロースの<ruby>存在<rt>そんざい</rt></ruby>を<ruby>信<rt>しん</rt></ruby>じますか。

664

play catch

キャッチボールをする
参 play cards トランプをする

Come on, Dad. Let's **play catch**!

さあ，お<ruby>父<rt>とう</rt></ruby>さん。キャッチボールをしようよ！

feel better

気分がよくなる

You will **feel better** soon.

あなたはすぐに気分がよくなる
でしょう。

形容詞の働きをする熟語

666

a lot of ~

たくさんの~
= lots of ~

He has **a lot of** English books.

彼は<u>たくさんの</u>英語の本を持っています。

667

be late for ~

~に遅れる，遅刻する

Don't **be late for** school again!

二度と学校に<u>遅れ</u>ないように！

668

be careful

気をつける

Be careful when you drive.

車を運転するときは<u>気をつけて</u>。

669

be interested in ~

~に興味を持っている

Are you **interested in** movies?

あなたは映画に<u>興味があります</u><u>か</u>。

うまくいかないときもあるよね。　**131**

670	
kind of ～	種類の～
What **kind of** food do you like?	どんな種類の食べ物が好きですか。

671	
a glass of ～	コップ1杯の～
She drinks **a glass of** milk every morning.	彼女は毎朝コップ1杯の牛乳を飲みます。

672	
a cup of ～	カップ1杯の～
I want to drink **a cup of** tea.	私はカップ1杯の紅茶を飲みたいです。

673	
in the morning	午前中に，朝に 参 in the evening 夕方に
We have a math class **in the morning**.	私たちは午前中に数学の授業があります。

674	
in the afternoon	午後に
They studied for the exam **in the afternoon**.	彼らは午後に試験のための勉強をしました。

675	
in the future	将来 ≒ someday（未来の）いつか
I want to be a teacher **in the future**.	私は将来教師になりたいです。

676	
how long	どれくらいの長さ 参 how tall どれくらいの高さ 　 how far どれくらいの距離
How long are you going to stay in the city?	あなたはその街にどれくらい滞在する予定ですか。

君ならできるよ。

677	
all day (long)	1日中 参 all year (round) 1年中, 1年を通して
She was cleaning the house **all day long**.	彼女は1日中家をそうじしていました。

678	
for a long time	長い間
I waited for her **for a long time**.	私は長い間彼女を待ちました。

679	
last week	先週
I visited my grandparents **last week**.	私は先週祖父母を訪ねました。

680	
after work	仕事の後で 参 after school 放課後に
She will get a present for him **after work**.	彼女は仕事の後で彼へのプレゼントを手に入れるつもりです。

681

for example

たとえば

I like Italian food. **For example**, spaghetti.

私はイタリア料理が好きです。たとえば，スパゲッティが好きです。

682

as ～ as ...

…と同じくらい～

参 as tall as ～ ～と同じくらい背が高い（形容詞の働き）

She got to school **as** early **as** her teacher.

彼女は先生と同じくらい早く学校に着きました。

683

a lot

たくさん，ずいぶん

参 a lot of ～ たくさんの～

It rained **a lot** yesterday.

昨日はたくさん雨が降りました。

684

from *A* to *B*

AからBまで，AからBへ

It takes about two hours **from** here **to** the city.

ここからその街まで2時間ほどかかります。

～ years old

～歳

He will be 20 **years old** next month.

彼は来月20歳になります。

---

in front of ～

～の前に[で]

⇔ behind ～ ～の後ろに

I'll see you **in front of** the bookstore.

その書店の前で会いましょう。

---

next to ～

～のとなりに

The family lives **next to** our school.

その家族は私たちの学校のとなりに住んでいます。

---

out of ～

～から外へ

⇔ into ～ ～の中へ

He went **out of** the room.

彼は部屋から外へ出ていきました。

689

both *A* and *B*

AとBの両方とも

She speaks **both** French and English.

彼女はフランス語と英語の両方を話します。

690

one day

（過去の）ある日，
（未来の）いつか

参 someday （未来の）いつか
　　sometime （過去・未来の）いつか

One day, he went to the park.

ある日，彼はその公園に行きました。

691

(on) the first day

第1日目に，初日に

On the first day in Paris, we went to the museum.

パリに着いた第1日目に，私たちはその美術館に行きました。

692

on vacation

休暇で

They stayed at a nice hotel **on vacation**.

彼らは休暇ですてきなホテルに滞在しました。

もうひとふんばり！　　137

693	
on foot	歩いて，徒歩で 参 by bike 自転車で
We went to the park **on foot**.	私たちは歩いてその公園へ行きました。

694	
(just) around the corner	角を曲がった所に
My house is **just around the corner**.	私の家は角を曲がった所です。

695	
by the way	ところで
By the way, did you read that book?	ところで，あの本は読みましたか。

696	
more and more	ますます多くの
More and more people use computers today.	今日，ますます多くの人々がコンピューターを使っています。

697

for free

無料で，ただで

If you buy one pizza, you'll get another **for free**.

もし1枚ピザを買ったら，もう1枚無料でもらえます。

698

right now

今すぐに，現在，たった今

You don't need to go **right now**.

あなたは今すぐに行く必要はありません。

699

all over the world

世界中で

He is famous **all over the world**.

彼は世界中で有名です。

助動詞の働きをする熟語

700

have to *do*

～しなければならない
= must

You **have to finish** your speech in three minutes.

あなたは3分間でスピーチを終えなければなりません。

●区別しなければならないときもある

have to と must はどちらも「～しなければならない」という意味ですが，have to は客観的に「しなければならない」という状況を伝えるときに，must は話し手自身が「しなければならない」と感じているときに使うことが多いです。また，過去のことについて，「～しなければならなかった」と言うときは had to do を，未来のことについて，「～しなければならないだろう」と言うときは will have to do を使います。

1 彼女はその授業に遅刻しました。

She (　　　　) (　　　　) (　　　　) the class.

2 私の姉[妹]はコーヒーも紅茶も好きです。

My sister likes (　　　　) coffee (　　　　) tea.

3 私は友だちとゲームをすることを楽しみます。

I (　　　　) (　　　　) games with my friends.

4 彼は友人たちと楽しい時を過ごしました。

He (　　　　) (　　　　) (　　　　) (　　　　) with his friends.

5 私は夕食の前に宿題を終わらせなければなりません。

I (　　　　) (　　　　) finish my homework before dinner.

6 私の兄[弟]は天気のことを心配します。

My brother (　　　　) (　　　　) the weather.

こたえ **1** was late for (→667) **2** both, and (→689) **3** enjoy playing (→627)
4 had a good time (→612) **5** have to (→700) **6** worries about (→661)

142

会話表現編
かいわひょうげんへん

学習日

あいさつ

001
Nice to meet you.

初めまして。

002
How are you?

ごきげんいかがですか[元気ですか]。

003
I'm fine, thanks.

元気です，ありがとう。

004
Have a good day.

よい1日を。

005
Have fun.

楽しんでください。

006
See you later.

さようなら[ではまた]。

See you tomorrow.

じゃあ，またあした。

Take care.

じゃあね[気をつけて]。

I'm home.

ただいま。

Good night.

おやすみなさい。

会話表現編

あいさつ

お店にて

011

May [Can] I help you?

お手伝いしましょうか [いらっしゃいませ]。

012

How much is this shirt?

このシャツはいくらですか。

013

I'm looking for a present.

私はプレゼントを探しています。

014

I want to buy some flowers.

私はお花を買いたいと思っています。

015

These are on sale.

これらはセール中です。

016

It's two thousand yen.

2000円です。

017

I'll take it.

それをいただきます。

018

Anything else?

<ruby>他<rt>ほか</rt></ruby>には<ruby>何<rt>なに</rt></ruby>かありますか。

019

That's all, thanks.

それだけです，ありがとう。

020

Here you are.

はい，どうぞ。

021

Excuse me.

すみません［ちょっと<ruby>失礼<rt>しつれい</rt></ruby>します］。

022

Can I have some more water?

お<ruby>水<rt>みず</rt></ruby>をもう<ruby>少<rt>すこ</rt></ruby>しいただけますか。

<ruby>自分<rt>じぶん</rt></ruby>の<ruby>希望<rt>きぼう</rt></ruby>をうまく<ruby>伝<rt>つた</rt></ruby>えよう。

Would you like something to drink?

<ruby>何<rt>なに</rt></ruby>か<ruby>飲<rt>の</rt></ruby>み<ruby>物<rt>もの</rt></ruby>はいかがですか。

Would you like tea or coffee?

<ruby>紅茶<rt>こうちゃ</rt></ruby>かコーヒーはいかがですか。

I'll have grape juice.

グレープジュースにします。

I'd like a hot dog.

ホットドッグがほしいのですが。

It looks good.

おいしそうですね。

No, thank you. I'm full.

いいえ，けっこうです。<ruby>私<rt>わたし</rt></ruby>はおなかがいっぱいです。

Attention, please.

（アナウンスなどで）みなさまに申し上げます。

●海外でショッピングに挑戦するなら

お店で店員さんに May I help you?「お手伝いしましょうか」と声をかけられたときに使える返事を覚えましょう。たとえば手に取った服を試着してもよいかたずねるときは Can I try this on?、「他の色はありますか」とたずねるときは Do you have other colors? などと言います。とりあえずただ店内を見て回っているだけなら、No, thank you. I'm just looking. と言うのがよいでしょう。

天気

---

030 | | |

It's warm today.

今日は暖かいです。

031 | | |

It's going to rain soon.

もうすぐ雨が降るでしょう。

032 | | |

Is it raining outside?

外は雨が降っていますか。

033 | | |

It's raining now.

今，雨が降っています。

034 | | |

How was the weather in New York?

ニューヨークの天気はどうでしたか。

035 | | |

It snowed a lot last night.

昨晩は雪がたくさん降りました。

移動 い どう

会話表現編

天気／移動

036

Where is the post office?

郵便局はどこですか。

037

Which bus goes to the airport?

どのバスが空港まで行きますか。

038

How can I get to the museum?

博物館にはどうやって行くことができますか。

039

I'll show you the way.

私が行き方を教えましょう。

040

It takes about fifteen minutes.

15分くらいかかります。

病気・トラブル

041

What happened (to you)?

（あなたに）何があったのですか。

042

What's wrong (with you)?

（あなたは）どうかしたのですか。

043

I can't find my car key.

車のキーが見つかりません。

044

I lost my train ticket.

私は電車の切符をなくしました。

045

How do you feel now?

今の気分はどうですか。

046

I feel much better, thanks.

ずっとよくなりました，ありがとう。

Not very good.

あまり元気じゃないです。

I have a cold.

私は風邪をひいています。

海外旅行をイメージしてみて。

予定

049

I have to go now.

私はもう行かなければいけません。

050

How long will you stay in New York?

どのくらいニューヨークに滞在する予定ですか。

051

How often do you practice?

何回くらい練習しますか。

052

Once [Twice] a week.

週に1[2]回です。

053

We'll be late for school!

私たちは学校に遅れてしまいます！

054

What time will the movie start?

何時に映画は始まりますか。

055

Just a minute [moment], please.

しょうしょう ま
少々お待ちください。

056

I'll call back later.

あと
後でまたかけます。

Do you want to *do*? で「～したいですか」という意味になるよ。

気持ちを伝える

057

Good luck.

がんばって[幸運を祈ります]。

058

I hope so.

そうだといいですね。

059

I think so, too.

私もそう思います。

060

I'm sorry, but I don't know.

すみませんが，私にはわかりません。

061

I'm not sure.

よくわかりません。

062

I'd like to see a movie.

私は映画が見たいです。

063

It was fun!

楽^{たの}しかったです！

064

That's wonderful.

すばらしいですね。

065

No problem.

どういたしまして［問題^{もんだい}ありません］。

066

Sure.

もちろん。

067

Thank you.

ありがとう。

068

Thanks a lot.

どうもありがとう。

069

You're welcome.

(お礼を言われたとき)どういたしまして。

070

Not at all.

(お礼を言われたとき)どういたしまして。

071

Thank you for your help.

手伝ってくれてありがとう。

072

Thank you for coming to our school festival.

私たちの学園祭に来てくれてありがとう。

073

That's great.

それはすばらしいです。

074

Sounds good [nice].

よさそうですね。

That's a good idea!

それはいい考えですね！

That's OK.

だいじょうぶです。

No, not really.

いいえ，それほどでもないです。

That's too bad.

それはいけませんね［お気の毒です］。

会話表現編

気持ちを伝える

Did you enjoy ～? で「～は楽しかったですか」という意味になるよ。

079

Did you enjoy the baseball game yesterday?

昨日の野球の試合は楽しかったですか。

080

Did you sleep well?

よく眠れましたか。

081

How was your trip to China?

中国への旅行はどうでしたか。

082

What do you think of her idea?

彼女のアイデアをどう思いますか。

083

What kind of music do you like?

どんな種類の音楽が好きですか。

084

What movie do you like the best?

いちばん好きな映画は何ですか。

085

Where can I buy a ticket?

どこでチケットが買えますか。

Do you need ～? で「～が必要ですか」という意味になるよ。

勧誘・申し出・依頼

086

Could you show me your textbook?

あなたの教科書を見せていただけませんか。

087

Do you need anything from the supermarket?

スーパーマーケットで何か必要なものはありますか。

088

Do you want to come with us?

私たちといっしょに来ませんか[私たちといっしょに来たいですか]。

089

Would you like to see a movie tonight?

今晩映画を見ませんか。

090

How about sending a Christmas card to her?

彼女にクリスマスカードを送りませんか。

091

Let's go and see a movie.

映画を見に行きましょう。

092

Let's have lunch.

昼食を食べましょう。

093

Shall I open the window?

窓を開けましょうか。

094

Shall we go for dinner tomorrow?

あした，夕食を食べに行きませんか。

095

Why not?

(誘いや提案に対して)もちろん[なぜそうしないのですか]。

Could you *do*? で「～していただけませんか」という意味になるよ。

096

Clean your room now.

<ruby>今<rt>いま</rt></ruby>すぐ<ruby>自分<rt>じぶん</rt></ruby>の<ruby>部屋<rt>へや</rt></ruby>をそうじしなさい。

097

Come to my house next Sunday.

<ruby>今度<rt>こんど</rt></ruby>の<ruby>日曜日<rt>にちようび</rt></ruby>に<ruby>私<rt>わたし</rt></ruby>の<ruby>家<rt>いえ</rt></ruby>に<ruby>来<rt>き</rt></ruby>なさい。

098

Don't forget to wash your hands.

<ruby>手<rt>て</rt></ruby>を<ruby>洗<rt>あら</rt></ruby>うのを<ruby>忘<rt>わす</rt></ruby>れないようにしなさい。

099

Hurry up, or we'll be late.

<ruby>急<rt>いそ</rt></ruby>ぎなさい，そうしないと<ruby>私<rt>わたし</rt></ruby>たちは<ruby>遅<rt>おく</rt></ruby>れてしまいます。

100

Please write back soon.

すぐにお<ruby>返事<rt>へんじ</rt></ruby>をください。

不規則動詞の変化表

動詞の中には，原形と過去形が同じものや，まったく違う変化をするものがあります。それをこのページで覚えましょう。

🎧 93

原形	過去形	意味	原形	過去形	意味
become	became	〜になる	lose	lost	失う
begin	began	始める	make	made	作る
break	broke	こわす	meet	met	会う
bring	brought	持ってくる	put	put	置く
build	built	建てる	run	ran	走る
buy	bought	買う	say	said	言う
catch	caught	つかまえる	see	saw	見る
come	came	来る	sell	sold	売る
cut	cut	切る	send	sent	送る
draw	drew	(線を)引く	set	set	置く
eat	ate	食べる	sing	sang	歌う
fall	fell	落ちる	sit	sat	すわる
feel	felt	感じる	sleep	slept	眠る
find	found	見つける	speak	spoke	話す
fly	flew	飛ぶ	swim	swam	泳ぐ
forget	forgot	忘れる	take	took	取る
get	got	手に入れる	teach	taught	教える
give	gave	与える	think	thought	思う
go	went	行く	tell	told	話す
hear	heard	聞こえる	understand	understood	理解する
hold	held	持つ	wake	woke	目が覚める
keep	kept	保つ	win	won	勝つ
leave	left	去る	write	wrote	書く

おつかれさま。よくがんばったね！

さくいん

※数字は見出し語番号を示す。

数字は見出し語番号だよ。ページ数ではないので気をつけてね。

数字は見出し語番号だよ。ページ数ではないので気をつけてね。

旺文社の英検®書